Rolf Gloël / Kathrin Gützlaff / Jack Weber

Gegen Rechts argumentieren lernen

Rolf Gloël ist emeritierter Professor für Methoden der Sozialen Arbeit und Jugendarbeit an der Fachhochschule Merseburg.
Kathrin Gützlaff ist emeritierte Professorin für Medienpädagogik am Fachbereich Soziale Arbeit an der Evangelischen Fachhochschule Rheinland-Westfalen-Lippe.
Jack Weber ist Professor für Sozialarbeitswissenschaft an der Hochschule für Angewandte Wissenschaften Hamburg.
Malte Thran (Autor des 5. Kapitels) ist Professor für Sozial- und Kulturpolitik an der Hochschule Merseburg.

Rolf Gloël/Kathrin Gützlaff/Jack Weber

Gegen Rechts argumentieren lernen

Aktualisierte Neuausgabe

VSA: Verlag Hamburg

www.vsa-verlag.de

Umschlagkarikatur: Thomas Plaßmann
Druck und Buchbindearbeiten: Beltz Bad Langensalza GmbH
ISBN 978-3-89965-762-3

Inhalt

Vorwort 9

Einleitung 11

1. Der ›Rechtsruck‹ und seine Gründe 15

a) Warum schließen sich Menschen rechten politischen Vorstellungen, Parteien und Organisationen an? Fünf gängige Erklärungen und (Gegen-)Thesen 17

Gängige Erklärung 1: »Angst« 17
(Gegen-)Thesen 21

Gängige Erklärung 2: »Soziale Unzufriedenheit« 23
(Gegen-)Thesen 26

Gängige Erklärung 3: »Einfache Lösungen« 30
(Gegen-)Thesen 32

Gängige Erklärung 4: »Unzufriedenheit mit den Eliten« 35
(Gegen-)Thesen 37

Gängige Erklärung 5: »Populismus und Rattenfängerei« 40
(Gegen)Thesen 42

b) Wie die etablierte Politik auf den ›Rechtsruck‹ reagiert 45

Thesen zum Versuch der etablierten Parteien, die AfD von ihren Anhängern und Wählern zu trennen 47

Thesen zu Gemeinsamkeiten und Unterschieden zwischen etablierten und rechten Parteien 52

Ausländer als »Fünfte Kolonne« 54

Fazit 55

2. Argumente gegen Nationalismus: Sechs Grundelemente des Nationalismus und (Gegen-)Thesen 56

Grundelement 1: Abstrakte Identität und parteiliche Weltanschauung 57

Grundelement 2: Nationalstolz 61

Grundelement 3: Nationale Scham 65

Grundelement 4: Liebe zum Vaterland 67

Grundelement 5: »Soziale Frage« und »Volksgemeinschaft« 74

Grundelement 6: Die Sehnsucht nach harter Führung 84

Fazit 87

3. ›Biologische Eigenschaften‹, ›Volksnatur‹ und ›nationale Identität‹ – Argumente gegen Rassismus 89

a) Rassismus als Legitimation von Herrschaft und Ausbeutung: der »Neger« und der »Arier« 91

b) Rassismus als Gleichsetzung von Nation und Biologie: »Türkisches Blut«, »Biodeutsche«, die »echte Nationalmannschaft« 95

c) Das »deutsche Volk« und seine (angebliche) »Identität«: »Umvolkung«, »deutsche Identität«, »Wer Deutschland nicht liebt, soll gefälligst verschwinden« 108

4. Argumente gegen das ›Markenzeichen‹ der (mehr oder weniger) extremen Rechten: Ausländerfeindlichkeit 121

a) Rechtsextreme Feindschaft gegen Ausländer – Gründe und Begründungen 124

Wer »hierher gehört und wer nicht« 130

»Überfremdung« und »Überflutung« 134

»Ausländer nehmen uns die Arbeitsplätze weg« 141

b) Regierungsamtliche Ausländerpolitik –
nach Nützlichkeit sortieren und »integrieren« ... 147
»Wir brauchen mehr Ausländer, die uns nützen,
weniger, die uns ausnutzen« ... 148
Das Integrationsgesetz ... 151
c) Unterschied und Gemeinsamkeit zwischen Rechtsextremen
und Regierungsparteien: »Parallelgesellschaften«,
»Leitkultur« und »Toleranz« ... 158

5. Holzwege politischer Bildung gegen Rechts ... 166

a) Diskriminierung durch Sprache ... 167
b) Das Spiel »Privilegientest« ... 172
c) Besuche von Gedenkstätten, Konfrontation mit Zeitzeugen,
Erzeugen von Betroffenheit ... 178

Literatur ... 185

Vorwort

»Gegen Rechts argumentieren lernen« geht in die dritte Auflage. Das hat für uns, die Autoren, eine erfreuliche und eine unerfreuliche Seite. Unerfreulich ist, dass die Phänomene, die uns 2005 zur Arbeit an diesem Buch motivierten, nicht nur fortbestehen, sondern sich in letzter Zeit auf eine erschreckende Art und Weise ausgeweitet haben:

- Nationalistisches und rassistisches Gedankengut ist nicht nur weiterhin in breiten Bevölkerungsschichten verankert, sondern hat sich z.B. in den Pegida-Demonstrationen lautstark an die Öffentlichkeit gewandt.
- Mit der Alternative für Deutschland (AfD) hat es eine ausländerfeindliche Partei quasi aus dem Stand geschafft, mit zweistelligen Wahlergebnissen in mehrere Landtage einzuziehen.
- Die traditionellen Parteien wetteifern darum, dieser Konkurrenz von rechtsaußen dadurch die Wähler wieder abzujagen, dass sie die AfD einerseits aus dem ›Konsens der Demokraten‹ exkommunizieren, andererseits nationalistische Positionen für sich reklamieren und entsprechende Themen zu ›besetzen‹ trachten.
- Die ausländerfeindliche Gewalt hat im Gefolge der ›Flüchtlingskrise‹ im Sommer 2015 neue Dimensionen erreicht: Wochenlang verging kaum ein Tag, an dem nicht irgendwo in Deutschland Gebäude brannten, die für die Unterbringung von Flüchtlingen vorgesehen waren, Flüchtlinge attackiert und verletzt wurden sowie Menschen bedroht wurden, die sich für Flüchtlinge engagierten.

Die Notwendigkeit einer Auseinandersetzung mit nationalistischem, rassistischem und ausländerfeindlichem Gedankengut ist also eher größer als geringer geworden. Insofern ist dieses Buch leider immer noch aktuell.

Erfreulich an einer dritten Auflage ist, dass die Nachfrage nach Argumenten gegen Rechts, nach Bausteinen einer diskursiven Auseinandersetzung mit Rassismus und Nationalismus ungebrochen ist. Um dieser Nachfrage gerecht zu werden, haben sich die Autoren entschlossen, neben den ›zeitlosen‹ Beispielen ›rechten Denkens‹ und den einschlägigen Gegen-Argumenten die aktuellen Fassungen von Nationalismus und Rassismus zu würdigen. Insbesondere Stellungnahmen von Politikern der AfD, vor allem solche, die für öffentliches Aufsehen gesorgt haben, werden zitiert und daraufhin untersucht, worin ›rechte‹ Positionen heute bestehen und worin sie sich vom politischen Mainstream unterscheiden bzw. mit diesem Gemeinsamkeiten aufweisen.

Insofern liegt mit dieser dritten Auflage eine aktualisierte und in Teilen vollständig ›runderneuerte‹ Fassung der Bemühung vor, »gegen Rechts« zu argumentieren. Zudem haben wir mit Jack Weber einen weiteren Autor gewonnen. Das fünfte Kapitel wurde von Malte Thran neu verfasst.

Einleitung

Wer »gegen *Rechts* argumentieren« will, muss zunächst klären, was er[1] unter »Rechts« versteht. Das ist schwieriger, als es zunächst den Anschein hat: Dem Vorteil, dass der Begriff »Rechts« plakativ ist und ihn jeder zu verstehen scheint, steht der Nachteil gegenüber, dass er äußerst unscharf ist: Was kennzeichnet eine »rechte« Position? Und wie sollen Positionen gekennzeichnet werden, die davon zu unterscheiden wären – z.B. »demokratische«? Dem steht zum einen entgegen, dass sich »rechte« Positionen, z.B. nationalistische und fremdenfeindliche, durchaus auch in demokratischen Parteien finden lassen; und zum anderen, dass sich manche »Rechte« – ob zu Recht oder zu Unrecht, sei erst einmal dahingestellt – ebenfalls als Demokraten bezeichnen.

In diesem Buch soll von »Rechts« als Sammelbegriff für nationalistische, rassistische und ausländerfeindliche Positionen gesprochen werden. Zu weiteren Begriffen, mit denen in der Literatur ›rechte‹ Positionen gekennzeichnet werden, ist festzustellen, dass sich die entsprechende Diskussion zumeist weniger um Unterschiede in der Sache, also Unterscheidungen von verschiedenen Gruppierungen von Rechten, als vielmehr um die unterschiedlichen Standpunkte derjenigen dreht, die den jeweiligen Begriff – rechts, rechtsextrem, rechtsradikal, rechtsorientiert, rechtspopulistisch, neofaschistisch etc. – benutzen (zur Begriffsdiskussion vgl. Lynen von Berg u.a. 2003 sowie Minkenberg 1998). In diesem Buch werden neben »Rechts« öfter die Begriffe Rechtsextremismus bzw. Rechtsradikalismus verwendet. Sie machen deutlich, dass sich viele rechte Überzeugungen als Radikalisierung bzw. als extreme Zuspitzung von Positionen betrachten lassen, die auch im demokratischen Spektrum vertreten sind. Wo es bei den Themenbereichen Nationalismus, Rassismus und Ausländerfeindlichkeit zwischen »Rechten« und »Demokraten« Überschneidungen oder Gemeinsamkeiten gibt, sollen diese ebenso thematisiert werden wie die Unterschiede.

---

[1] Im Text wird sprachlich nur dann zwischen männlichen und weiblichen Formen explizit unterschieden, wenn diese Unterscheidung für den Inhalt der Aussage notwendig oder sinnvoll ist. In allen anderen Fällen sind bei der männlichen Form die weiblichen Pendants jeweils mitgemeint.

Wer »gegen Rechts *argumentieren*« will, hat sich etwas vorgenommen, was über die Identifizierung rechter Standpunkte und das Reden *über* sie hinausgeht: Es geht diesem Buch darum, nicht einfach über, sondern *gegen* Rechts zu reden, d.h. zu argumentieren. Dazu werden zum einen typische – teils ›zeitlose‹, teils aktuelle – Beispiele für rechte Positionen präsentiert: In diesem Sinn stellt dieses Buch eine Sammlung von Dokumenten »rechten« Denkens dar. Zum anderen bemühen wir uns, in diesem Buch »Argumente«, also Gedanken zu sammeln (eigene und geliehene), die zeigen sollen, dass Nationalismus, Rassismus und Ausländerfeindlichkeit in theoretischer Hinsicht dumm, in praktischer Hinsicht schädlich, also Fehler sind, die man lassen sollte. Dass rechtes Denken dumm und schädlich ist, bedeutet nicht, dass es nicht seine eigene Logik hat: Oft ist es hilfreich, diese innere Logik rechten Denkens nachzuvollziehen – nicht um dafür Verständnis zu entwickeln, auch nicht, um sich darüber zu erheben, sondern um sich über die Logik des Fehlers zu Argumenten gegen ihn vorzuarbeiten.

Wer sich als in der politischen Bildung Tätiger die kritische Auseinandersetzung mit rechtsextremen Positionen vornimmt, braucht eine klare argumentative Basis: ein Wissen um die Grundelemente nationalistischen und rassistischen Denkens sowie Argumentationsmuster, die geeignet sind, dessen Dummheit und Schädlichkeit nachzuweisen.

An diesen Bedarf knüpfen etliche Handreichungen und Argumentationshilfen zu den Themen Rechtsextremismus, Rassismus und Nationalsozialismus an. Ohne alle einschlägigen Veröffentlichungen über einen Kamm scheren zu wollen, lassen sich exemplarisch zwei Mängel konstatieren: Manche Argumentationshilfen legen dermaßen viel Wert auf Selbsterfahrung, Selbstreflexion und das Einüben kommunikativer Muster, dass vor lauter Rollenspielen und Übungen in Gesprächsführung die Auseinandersetzung mit den politischen Inhalten zu kurz kommt.

Andere Veröffentlichungen wenden sich explizit der Auseinandersetzung mit rechtsradikalen Positionen zu, setzen sich dabei aber oftmals nur mit Teilaspekten des Themenbereichs auseinander, die zudem ebenfalls die Tendenz haben, vom politischen Gehalt rechtsextremer Überzeugungen wegzuführen. Als ein Beispiel hierfür soll die Auseinandersetzung mit rechtsextremen Positionen unter dem Aspekt des »Vorurteils« erwähnt werden. Dass eine solche Behandlung des Themas nicht unbedingt eine inhaltliche Kritik entsprechender Positionen erleichtert, wird dann deutlich, wenn Vorurteile nicht einfach inhaltlich geprüft und gegebenenfalls als falsch kritisiert und verworfen werden, vielmehr das Vorurteil als solches in seiner Funktion für die Orientierungs- und Handlungssicherheit einer Person gewürdigt wird. Wenn schließlich die Hartnäckigkeit unliebsamer Vorurteile mit deren psychologischem Nutzen für Persönlichkeiten mit »autoritärem Charakter« erklärt wird, dann tritt die Tendenz zutage, Kritik am Inhalt rechtsextremer Positionen hinter einer sozial-psychologischen Einordnung von Vorurteilen überhaupt zurücktreten zu lassen (ausführlichere Kritik an der ›Vorurteils-Richtung‹ siehe Mönter/Schiffer-Nasserie 2007: 41f.).

So gut wie alle veröffentlichten Argumentationshilfen gegen Rechts weisen den Mangel auf, dass Nationalismus, Rassismus und Fremdenfeindlichkeit lediglich in ihrer rechtsextremen Zuspitzung und Radikalisierung thematisiert werden, während ihre in weiten Kreisen akzeptierte ›weichere‹ Fassung weitgehend unberücksichtigt bleibt. Diesen Mangel will die hier vorliegende Arbeit dadurch beheben, dass Parallelen zwischen dem rechtsradikalen Nationalismus und Rassismus einerseits und deren Entsprechungen im bundesdeutschen Alltagsbewusstsein andererseits gezogen, d.h. Gemeinsamkeiten wie Unterschiede kenntlich gemacht werden.

Dabei wird nicht der Anspruch erhoben, alle Bereiche und Aspekte von Nationalismus, Rassismus und Fremdenfeindlichkeit zu erfassen, zu analysieren und zu kritisieren. Vielmehr sollen anhand einiger ausgewählter Elemente die zentralen Grundmuster und die verhängnisvolle ›Logik‹ von Ideologien offengelegt und argumentativ bekämpft werden, die in rechtsextremen Kreisen gang und gäbe sind, die aber über diese Kreise hinaus zum Bestand des Alltagsbewusstseins breiter Bevölkerungskreise gehören.

Im *ersten Kapitel* dieses Buches wird der spätestens mit den Wahlerfolgen der AfD konstatierte ›Rechtsruck‹ in Deutschland analysiert – genauer: die Art und Weise, wie er von Wissenschaft und Öffentlichkeit zu erklären versucht wird. Gemeinsam ist den meisten dieser Versuche, dass sie von dem, was erklärt werden müsste, nämlich der gedanklichen Identität zwischen rechten Parteien und ihren Anhängern, weitgehend absehen und stattdessen sozialpsychologische bzw. manipulationstheoretische Pseudo-Erklärungen anbieten. Wie die etablierten politischen Parteien auf das Erstarken der Rechten reagieren, ist ein weiterer Punkt, der in diesem Kapitel kritisch beleuchtet wird.

Im *zweiten, dritten* und *vierten* Kapitel wird das Vorhaben »Gegen Rechts argumentieren lernen« praktisch. In drei Themenschwerpunkten werden die Grundmuster rechtsradikalen Denkens herausgearbeitet. Nationalismus, einschließlich der ›Liebe zum Vaterland‹ (2. Kapitel), Rassismus in all seinen Erscheinungsformen (3. Kapitel) und Ausländerfeindlichkeit, also der Hass auf Angehörige anderer Nationen, Ethnien und Kulturen (4. Kapitel), gehören zum Kernbestand rechtsradikalen Denkens und sind in anderer Ausprägung auch in Teilen der Gesellschaft und der demokratischen Öffentlichkeit präsent. Als Material für diese Elementarformen rechter Gesinnung werden unter anderem Karikaturen, Zitate von Politikern und Sozialwissenschaftlern, Texte rechtsradikaler Lieder, empirisch-wissenschaftliche Studien, Verlautbarungen der AfD bis hin zu Zitaten aus »Mein Kampf« herangezogen. Damit erfassen die Materialien ein sehr weit gefasstes und streckenweise heterogenes Spektrum. Sie haben die Funktion, das jeweils zu behandelnde Thema anschaulich zu präsentieren, um auf dieser Basis kritische Argumente gegen Nationalismus, Rassismus und Fremdenfeindlichkeit zu entwickeln. In der inhaltlichen Auseinandersetzung wird – dort, wo dies geboten ist – auf die Unterschiede zwischen den verschiedenen Positionen eingegangen. Auf die Vorstellung des Materials folgen jeweils erkenntnisleitende Fragen, die als erste Denkanstöße für den Leser gedacht sind und von den Autoren thesenartig beantwortet werden.

Das *fünfte Kapitel* widmet sich Wegen bzw. Holzwegen, wie sie in der politischen Bildung häufig beschritten werden: Seminar- oder Fortbildungsprogramme, die sich gegen »Diskriminierung durch Sprache« wenden bzw. mit »Privilegientests« zur (selbst)kritischen Reflexion anregen wollen, sowie KZ-Besuche, die Betroffenheit über die Gräuel des NS-Systems erzeugen und dadurch gegen rechte Anschauungen immunisieren sollen, werden exemplarisch dargestellt und einer kritischen Würdigung unterzogen.

Auch wenn die einzelnen Kapitel in gewisser Weise aufeinander aufbauen, so sind sie doch so verfasst, dass jeder Themenbereich für sich steht und getrennt von den anderen bearbeitet werden kann. Gedacht ist das Buch »Gegen Rechts argumentieren lernen« sowohl als Material- und Argumentensammlung für die Fortbildung von Pädagogen oder in politischer Bildung Tätigen als auch für das Selbststudium von Lesern, die an einer kritischen Auseinandersetzung mit Nationalismus, Rassismus und Fremdenfeindlichkeit in all ihren Spielarten interessiert sind.

1. Der ›Rechtsruck‹ und seine Gründe

Die Rechten sind auf dem Vormarsch: In Deutschland erringt die AfD mancherorts zweistellige Wahlergebnisse, in mehreren Staaten Europas – Frankreich, Niederlande, Österreich, Ungarn, Polen – verzeichnen rechte Parteien ebenfalls große Wahlerfolge oder stellen sogar schon die Regierungen. Zugleich bildet sich außerhalb der Parlamente in Deutschland mit Pegida eine dauerhafte rechte Demonstrationskultur, sodass Häusler/Virchow von einer »neuen sozialen Bewegung von rechts« sprechen (2016). Parallel dazu steigen Gewalttaten gegen Ausländer sprunghaft an.

Die rechten Gruppen und Parteien etablieren nationalistische, rassistische und ausländerfeindliche Töne, die bisher im demokratischen öffentlichen Diskurs verpönt und aus ihm verbannt waren – und sie bekommen damit in Deutschland und in anderen Ländern des Westens eine Massenbasis. Ihre Parolen unterscheiden sich insbesondere durch die Form, in der sie vorgetragen werden, von den bekannten politischen Äußerungen. Sie geben sich grundsätzlich und vernichtend kritisch gegenüber der aktuellen Politik und sehen sich im Kampf mit dem »Establishment« bzw. dem »System«. Dem werfen sie vor, den deutschen Staat willentlich vor die Hunde gehen zu lassen: Nicht Unfähigkeit oder Inkonsequenz wie bisher im Diskurs unter politischen Gegnern bekannt, sondern bewusster Missbrauch, Verrat und Eigennutz lauten die Vorwürfe gegen die Etablierten.

»Mehrere hundert Demonstranten haben die geladenen Politiker beim Empfang zur zentralen Einheitsfeier in Dresden lautstark beschimpft. Die Protestierer, vor allem Anhänger des fremdenfeindlichen Pegida-Bündnisses, riefen vor dem weiträumig abgesperrten Veranstaltungsort, dem Dresdner Verkehrsmuseum, ›Volksverräter‹, ›Haut ab‹ und ›Merkel muss weg‹.«

n-tv, 3.10.2016

Markus Frohnmaier (Bundesvorsitzender der Jungen Alternative, JA): »Ich sage diesen linken Gesinnungsterroristen, diesem Parteienfilz ganz klar: Wenn wir kommen, dann wird aufgeräumt, dann wird ausgemistet, dann wird wieder Politik für das Volk und nur für das Volk gemacht – denn wir sind das Volk, liebe Freunde.«

handelsblatt.com, 2.12.2015/spiegel.de 26.11.2015

Dass solche Frontalangriffe auf die etablierte Politik, dass die zugrundeliegende Fundamentalkritik an der Ausländer- und Flüchtlingspolitik, am ›Ausverkauf Deutschlands‹, an ›Europa‹ etc. eine so große Zustimmung im Wahlvolk bekommen, schreckt Politik, Öffentlichkeit und Wissenschaft auf: Was finden die Anhänger und Wähler rechter Parteien an deren Parolen? Warum werden sie zu Parteigängern der rechten Standpunkte? Wie werden sie also zu den massenhaften ›Trägern‹ des ›Rechtsrucks‹?

Fünf gängige Erklärungen dafür, warum Menschen den rechten Parolen folgen, sollen in diesem Kapitel zunächst betrachtet, befragt und mit Gegenthesen zur Diskussion gestellt werden, bevor in einem zweiten Abschnitt die politische Reaktion der etablierten Parteien auf das neue Phänomen erstarkender rechter Parteien beleuchtet wird.

a) Warum schließen sich Menschen rechten politischen Vorstellungen, Parteien und Organisationen an? Fünf gängige Erklärungen und (Gegen-)Thesen

→ Gängige Erklärung 1: **»Angst« – Bürger wählen und agieren rechts, weil sie Angst haben: Angst vor der Globalisierung und Angst vor Fremden.**

»Angst vor Fremden ist nichts, was von Geburt aus vorhanden ist, sondern etwas Erlerntes. Sie resultiert zum einen aus einer gefühlten Überforderung mit der modernen Gesellschaft, beispielsweise wenn Menschen mit Pluralität nicht zurechtkommen. Zum zweiten bekommen wir, wenn wir mal beim Thema Islam bleiben, aus vielen Quellen immer wieder Bilder vorgelegt, in denen der Islam als eine Gefahr dargestellt wird: von den Eltern, der Politik, aus dem Freundeskreis oder den Medien.«

Hans-Peter Killguss, Leiter der Info- und Bildungsstelle gegen Rechtsextremismus im NS-Dokumentationszentrum der Stadt Köln, im Interview mit dem Goethe-Institut Prag, Mai 2013

Fragen:
Warum erlernen die Anhänger der Rechten von Eltern, Politik, Freundeskreis oder Medien ausgerechnet Angst vor dem Islam? Warum verlernen oder verwerfen sie andere Inhalte und Parolen, die von denselben Quellen kommen?

»Der Angstforscher Bandelow wies darauf hin, dass es früher ein Überlebensvorteil gewesen sei, Angst vor Fremden zu haben. Als die Menschen noch ›in Stämmen organisiert waren, war es wichtig, den eigenen Stamm zu unterstützen und andere bis aufs Blut zu bekämpfen‹, erläuterte er. ›Die Ängste, die daraus entstanden, sind bis heute in jedem Menschen präsent‹, sagte der Professor für Psychiatrie und Psychotherapie an der Universität Göttingen dem Evangelischen Pressedienst (epd). Angst wird im Gehirn in zwei Gebieten verarbeitet, die nicht notwendigerweise zusammenarbeiten, wie Bandelow erklärte. Es gebe einen intelligenten Teil, der rationalen Argumenten zugänglich sei und auch die positiven Seiten der Globalisierung sehe. ›Und es gibt einen primitiven Teil. Dort halten sich solche Urängste hartnäckig.‹ In diesem Teil seien beispielsweise auch Ängste vor Spinnen oder Hunden erhalten geblieben. ›Auch solche Ängste waren früher für das Überleben wichtig, heute stören sie.‹

Demagogen können nach Bandelows Worten ›primitive Ängste wie Xenophobie leicht auslösen und für sich ausnutzen‹. Mit ihrer ›einfachen Sprache und einfachen Botschaften bedienen sie die Ängste, die ohnehin vorhanden sind‹. Da solche Befürchtungen im primitiven Teil des Gehirns angesiedelt seien, könnten Politiker demokratischer Parteien dem nicht unmittelbar mit intellektuellen Argumenten entgegenwirken.«

www.domradio.de/themen/soziales/2016-11-30/globalisierungsangst-treibt-populisten-waehler-die-arme

Fragen:
Warum können Angstforscher, Politiker demokratischer Parteien und deren Anhänger den hartnäckigen Urängsten des primitiven Hirnteils entkommen, rechte Politiker und deren Anhänger aber nicht? Sind die betreffenden Hirnteile bei rechten und demokratischen Wählern unterschiedlich?

»Die Menschen unterstützen politische Außenseiter, die ihre Globalisierungsängste im Kontext ihrer wirtschaftlichen Situation und ihres Kompetenzwettstreits mit Einwanderern geschickt artikulieren. Unsere Ergebnisse zeigen, dass Menschen, die die Globalisierung als eine Bedrohung wahrnehmen, am meisten Migration fürchten. Sie sehen Migration häufiger als eine der wichtigsten Herausforderungen für die Zukunft, sie haben weniger Kontakt mit Ausländern in ihrem Alltag und äußern häufiger ausländerfeindliche Gefühle. Sie sind außerdem skeptischer gegenüber der Europäischen Union und der Politik im Allgemeinen. Die Auseinandersetzung mit diesen Ängsten gehört zu den zentralen politischen Herausforderungen der kommenden Jahre. Nur wer sie aufzulösen weiß, wird Wähler von den populistischen Parteien zurückgewinnen können.«

Aus der Studie »Eupinions« der Bertelsmann Stiftung (2016)

Frage:

Die Theorie, dass »Ängste« – vor »Globalisierung«, »Migration« etc. – die Ursache für rechtes Denken und Handeln seien, wird in der folgenden Karikatur ins Bild gesetzt und zugespitzt. Was an der »Angst«-Theorie wird dadurch (implizit) kritisiert?

Karikatur 1

Thomas Plaßmann

Fragen:
Warum steckt hier jemand aus »Angst vor der Globalisierung« gerade eine Flüchtlingsunterkunft an? Hat der Brandstifter Angst vor den Flüchtlingen? Ist der Brandstifter gegenüber den Flüchtlingen ohnmächtig oder ihnen ausgeliefert? Warum nimmt der Flüchtling den Brandanschlag »nicht persönlich«?

(Gegen-)Thesen:

1. Die Karikatur bringt es mit Ironie auf den Punkt: Wenn Menschen Brandbomben in Kinderzimmer in Flüchtlingsheimen werfen, auf Demonstrationen Loblieder auf die Überlegenheit der eigenen Kultur anstimmen und Parteien wählen, die Härte gegen Flüchtlinge, Minderheiten und andere Staaten einfordern, dann liegt es nicht nahe, in diesen Taten ausgerechnet Angst als Beweggrund zu vermuten.
2. Wenn die Taten der rechten Bürger mit einer »erlernten« oder einer Urangst vor Fremden begründet werden, werden sie ihres politischen Inhalts entkleidet. Nicht eine politische Überzeugung, sondern die unbewusste oder unreflektierte Reproduktion von etwas Erlerntem oder Angeborenem ist dann Grund ihrer Gewalttaten, Wahlentscheidungen und Parolen. ›Folgerichtig‹ nimmt der Flüchtling den Brandanschlag gegen sich in der Karikatur deshalb »nicht persönlich«: Er ist ja angeblich gar nicht gegen ihn gerichtet, sondern resultiert aus Mechanismen und Ängsten, »die ohnehin vorhanden sind«.
3. Die Annahme einer »Urangst«, die in allen Menschen in der Physis des Hirns – seinen jeweiligen Teilen – enthalten sein und die das rechte Denken eines Teils der Bevölkerung erklären soll, beinhaltet einen Widerspruch: Wenn bei allen Menschen diese physiologische Festlegung auf rechtes Gedankengut bzw. auf primitive Urängste vorhanden ist, dann ist nicht schlüssig zu erklären, warum die einen den rechten Gedanken fassen und teilen, und die anderen, die über dieselben Hirnteile verfügen und auch »Urängste« in sich tragen sollen, nicht.
4. Täter, Wähler und Demonstranten werden so entschuldigt und gleichzeitig verachtet: Entschuldigt, weil keine rechte ausländerfeindliche Gesinnung sie leitet, sondern sie – ganz oder zum Teil – durch etwas von ihnen gar nicht zu Kontrollierendes geleitet werden, weshalb sie nur »unschuldige« Opfer geschickter Einflüsterer sind. Zugleich werden sie damit als Menschen geringgeschätzt, die nicht wirklich Herr über ihren Verstand sind: Ihre Urteile werden – ohne sie inhaltlich zu kritisieren – als irrational betrachtet, sodass man ihnen nicht mit »intellektuellen Argumenten entgegenwirken« könne. Vulgo: ›Doof bleibt doof, da helfen keine Argumente.‹
5. Gerade in dieser von allen politischen Inhalten befreiten Irrationalität – ihrer Angst – sollen die nach rechts gerückten Bürger dann wieder Sorgeobjekte der Politik werden. Die ihnen zugeschriebenen Ängste

werden wieder politisiert, indem sie zur »zentralen politischen Herausforderung«, also zum Gegenstand der politischen Konkurrenz mit den Rechten, aber auch zwischen den traditionellen Parteien erklärt werden: Diese werfen sich wechselseitig nicht die hinter Brandanschlägen gegen Flüchtlingsheime stehenden politischen Standpunkte und Ziele vor, sondern beschuldigen den jeweils anderen, sich um die angeblich darin sich ausdrückenden irrationalen Ängste der Bürger nicht genügend gekümmert zu haben, und rühmen sich selbst, diese Ängste nun aufzugreifen oder sie schon immer im Fokus gehabt zu haben.

Gängige Erklärung 2: »Soziale Unzufriedenheit« – Bürger schließen sich den Rechten an, weil sie mit ihrer sozialen Lage unzufrieden sind

Karikatur 2

Thomas Plaßmann

Fragen:
Gibt es einen Zusammenhang zwischen Arbeitslosigkeit und Ausländerhass? Was soll man dem Kind in der Karikatur antworten? Wovon hängt es ab, ob es zum Ausländerjäger wird oder nicht?

»Es ist falsch, die Wahlerfolge der AfD allein durch Rassismus und Rechtspopulismus zu erklären. Ihr Aufstieg ist nicht denkbar ohne die soziale Polarisierung, die sich (aufgrund der neoliberalen Politik in Deutschland, aber auch weltweit) dramatisch verschärft hat. Der Mangel an bezahlbaren Wohnungen und guten Jobs, die Reduktion der Demokratie auf die Verwaltung von Sachzwängen ist der Nährboden, auf dem der rechte Kulturkampf gedeihen kann.«

Bernd Riexinger, DIE LINKE, auf dem marx21-Kongress »Wohin steuert Deutschland?«, 6.5.2016

Frage:
Wenn der Aufstieg der Rechten »nicht ohne« soziale Notlagen »denkbar« sein soll – ist er dann *mit* dem Mangel an bezahlbaren Wohnungen und guten Jobs hinreichend erklärt?

»Dort, wo große soziale Verwerfungen sichtbar sind, kann Propaganda erfolgreich sein: Ängste vor sozialem Abstieg können dann leichter geschürt werden, die extreme Rechte kann sagen: ›Das droht euch auch und schuld daran sind die Muslime beziehungsweise die Migranten.‹«

Hans-Peter Killguss, Leiter der Info- und Bildungsstelle gegen Rechtsextremismus im NS-Dokumentationszentrum der Stadt Köln im Interview mit dem Goethe-Institut; www.goethe.de/ins/cz/prj/jug/the/ang/de11037510.htm

Fragen:
Kann rechte Propaganda nur da erfolgreich sein, wo »soziale Verwerfungen sichtbar« sind? Und ist sie dann auf jeden Fall erfolgreich?

»Zu den aktuell dominierenden Wertekonflikten kommen materielle Sorgen, die Angst vor Statusverlust und sozialem Abstieg … Flüchtlinge, Zugewanderte und überhaupt ›die anderen‹ werden zur Projektionsfläche persönlicher Krisen, und Abstiegsängste und rassistische Einstellungen brechen sich Bahn. Ein Bild, das die Rechtspopulisten genüsslich zuspitzen.«

Robert Pausch: »Wer wählt die Populisten?«,
in Zeit Online, 16.5.2016

Fragen:
Wie genau werden laut Robert Pausch materielle Sorgen von Menschen zu rassistischen Einstellungen? Was bricht sich da Bahn und wo kommt das her? Oder war das schon immer irgendwie bzw. irgendwo da?

(Gegen-)Thesen:

1. Lohneinbußen, verbreitete prekäre Lebensverhältnisse, Mieten, die sich viele nicht mehr leisten können: Die These von der sozialen Unzufriedenheit als Grund für den Rechtsruck in der Bevölkerung weiß um die Verschlechterung der Lebensverhältnisse für viele. Diese prekären Lebensverhältnisse, von denen wie selbstverständlich ausgegangen wird, werden hinsichtlich ihrer (angeblichen) Konsequenzen betrachtet: Sie sind als der fruchtbare Boden identifiziert, auf den die rechte Propaganda fallen kann. Woher diese Notlagen kommen, ist hier weniger interessant als die Frage, wohin sie angeblich zu führen drohen: zum Abdriften der Betroffenen nach rechts, außerhalb des etablierten Parteienspektrums. *In dieser Hinsicht* werden sie zum politischen Problem: nicht als Sorge um die Nöte als solche, sondern um die Radikalisierung der Notleidenden.
2. Mit Metaphern wie »Nährboden«, »Projektionsfläche« oder etwas, das »sich Bahn bricht«, wird einerseits ein nur sehr vager Zusammenhang zwischen prekären sozialen Lagen und rechter Gesinnung beschrieben. Andererseits stehen die Bilder für eine gewissermaßen ›natürliche‹ Ursache-Wirkungskette bzw. für einen regelrechten Automatismus – und drücken darin vor allem viel Verständnis für die nach rechts gerückten Wähler aus. Eine Erklärung oder gar Kritik daran, dass die Wut dieser sozial unzufriedenen Bürger sich ausgerechnet gegen Migranten richtet, die weder die Urheber der sozialen Härten noch deren Profiteure sind, die im Gegenteil noch prekäreren Lebensbedingungen ausgesetzt sind, leistet diese Metaphorik nicht. Im Gegenteil: Sie ersetzt die Erklärung des politischen Standpunktes, der die Rechtswähler und -täter bewegt, durch die Metapher vom »Nährboden« – die Empfänglichkeit für nationalistische und fremdenfeindliche Gedanken erscheint so geradezu naheliegend und verständlich.
3. Es gibt keinen Automatismus für den Übergang von prekärer sozialer Lage zu rechtem Gedankengut, Gewalt gegen Ausländer oder dem Ruf nach einem starken Staat. Aus einer schlechten sozialen Lage lassen sich vielmehr eine Reihe von ganz unterschiedlichen Urteilen ableiten: Man kann das eigene Scheitern in der Konkurrenz um den Arbeitsplatz, die Lehrstelle oder die Wohnung als Ergebnis einer falschen Wirtschaftspolitik, als persönliches Versagen oder als von Ausländern verschuldet deuten. Zur Frage des Kindes in der Karika-

tur ist deshalb zu sagen, dass es keinen notwendigen Übergang vom Lehrstellenmangel zur Gewalt gegen Ausländer gibt. Ob der Junge in der Karikatur als Erwachsener Ausländer hassen oder/und jagen wird, hängt vielmehr davon ab, ob er sein mögliches Scheitern in der Konkurrenz um Arbeitsplätze und Lehrstellen nationalistisch und rassistisch interpretiert bzw. ob ihm solche Erklärungen einleuchten und ob er sich dadurch zu Gegnerschaft und Gewalt gegen Ausländer aufgerufen und berechtigt sieht.

4. *Wenn* jemand diesen (überhaupt nicht automatisch ablaufenden und auch nicht sonderlich logischen) Übergang von Arbeits- und Perspektivlosigkeit hin zu einer gefühlten und praktizierten rechten Ausländerfeindlichkeit vollzieht, dann muss er folgende Denkschritte (mit)machen:
   - Ausgangspunkt für diesen Übergang ist, dass in der Marktwirtschaft die wesentlichen Bedingungen und Güter, um ein gutes Leben zu führen, also ökonomisch teilhaben zu können, nur in der Konkurrenz gegen andere zu erringen sind. Dafür kennt jeder Beispiele: die Schlange vor der Wohnungsbesichtigung, das Ringen um einen Arbeitsplatz gegen 200 andere, die ihn auch brauchen, die Konkurrenz um gute Noten, um dann an die besseren Ausbildungen und Berufe zu kommen.
   - Nationalistisch denkende Konkurrenzteilnehmer sehen ihr *Interesse* an Berufsausbildung, Verdienst, Konsum usw., also an ökonomischer Teilhabe an der Gesellschaft, dagegen als gutes *Recht*, das ihnen als – rechtschaffenen – Deutschen zustehen würde und zu dessen Anerkennung und Umsetzung die deutsche Gesellschaft und der deutsche Staat eigentlich verpflichtet seien. In der Konkurrenz beanspruchen sie als Deutsche eine hervorragende Stellung – eine Grundgleichung nationalen Anspruchsdenkens, das sich sehr subjektiv darüber hinwegsetzt, dass es ein solches Recht objektiv-faktisch nicht gibt.
   - Wenn sie in der Konkurrenz um Noten, Lehr- und Arbeitsstellen, Wohnungen oder um all die anderen Mittel, in unserer Gesellschaft ein gutes Leben führen zu können, dann scheitern, halten Nationalisten als wesentlich eines fest: dass ihnen ihr eingebildetes Recht als rechtschaffene, sich redlich bemühende Deutsche verwehrt würde.
   - Dass nun auch Ausländer zur Konkurrenz um Arbeit, Wohnen usw. in Deutschland zugelassen werden, führt Ausländerfeinde zum

nächsten Schritt der Erklärung ihres Scheiterns: Als Nicht-Deutsche dürften Ausländer eigentlich gar nicht an der Konkurrenz teilnehmen, sie sind also unberechtigte Konkurrenten. Damit ist für die Ausländerfeinde ihre eigene schlechte soziale Lage erklärt: Der Grund liegt darin, dass ihr ›Recht‹ auf exklusive nationale Teilnahme in der Konkurrenz durch unberechtigte Konkurrenten hintertrieben wurde – die Ausländer nehmen ›uns‹ Arbeitsplätze, Wohnungen etc. weg. Erstens sind die also schuld, wenn ›wir‹ auf keinen grünen Zweig kommen, und zweitens der Staat, weil der Fremde als Konkurrenten ins Land lässt, statt für deren ordnungsgemäßen Ausschluss zu sorgen.

- Damit meinen sie erstens, allen Grund zu haben, gegen Ausländer zu sein und sie zu hassen, weil diese für ihr Scheitern verantwortlich seien. Die Ausländer gehören nicht hierher und machen all das kaputt, was sich Deutsche als ihr gutes Recht ausmalen. Zweitens beschuldigen sie den Staat, seine Pflicht gegenüber seinem deutschen Volk nicht geleistet zu haben, die darin bestünde, die nationale marktwirtschaftliche Konkurrenz um Arbeit und Güter des Lebens exklusiv auf Deutsche zu beschränken. Die daraus resultierenden Parolen lauten also: 1. »Ausländer raus«, 2. »Volksverräter«.

Fazit

Ausländerfeindlichkeit und Rechtsextremismus resultieren nicht aus dem Scheitern in der Konkurrenz und einer schlechten sozialen Lage – wie die große Zahl an Bürgern aus der gesellschaftlichen Mitte in den rechten Gruppen und Parteien beweist. Wenn Verlierer der Konkurrenz, die es in rechten Parteien natürlich auch gibt, ihre soziale Notlage zum Argument für Ausländerfeindlichkeit etc. machen, dann wirkt da kein automatischer Mechanismus, sondern dann erklären sich Verlierer auf verkehrte Weise ihr Scheitern: Schlechte Erfahrungen in der Konkurrenz werden mit der Anwesenheit von Ausländern in Deutschland gedanklich verbunden und das eine mit dem anderen erklärt. So wird aus dem Scheitern in der Konkurrenz ein Grund gegen Ausländer zu sein – indem nationalistisch gesinnte Verlierer daraus einen Grund für Ausländerhass *machen*!

Statt sich den Zusammenhang von sozialer Lage und rechtem Gedankengut als dubiosen Automatismus (»Nährboden«, »Projektionsfläche« usw.) verständlich und damit letztlich nicht mehr kritikabel zu machen, muss es im ›Kampf gegen Rechts‹ darum gehen, sich die (oben dargelegten) Schritte der falschen Erklärung für die soziale Not klarzumachen und ihre Fehlerhaftigkeit und Schädlichkeit (auch für diejenigen, die diesen Gedanken anhängen) nachzuweisen.

➡ Gängige Erklärung 3: **»Einfache Lösungen« – Das Volk will einfache Lösungen und wählt deshalb die Rechten, die diese anbieten.**

Oliver Kalkofe zu den AfD-Wahlerfolgen

»Und wie lässt sich das deutschlandweite AfDerjucken nun erklären? Der Auftritt ist laut und polternd, die Kandidaten schmerzhaft unsympathisch, inhaltlich wird viel sehr Altes und wenig Neues geboten ... Für sämtliche komplizierten Probleme hat man genau eine Lösung (keine Flüchtlinge mehr!), und wirklich mitregieren möchte man auf keinen Fall. Bleibt die Frage: Wieso ist gerade solch eine Partei derart erfolgreich?

Antwort: eben genau deswegen! Weil sie das Leben so schön simpel macht. Man braucht nicht nachzudenken, das macht eh nur Aua im Kopf, empört nicken und in der Gruppe laut Parolen grölen reicht völlig aus ... Im Grunde lieben wir alles, was uns das mühsame Denken abnimmt, die harte Brotkruste von der Realität abschneidet und die komplexe Welt einfacher verdaulich macht.«

Aus: »Das schöne einfache Leben« von Oliver Kalkofe, in: TV-Spielfilm 20/2016

Fragen:

Sind die Rechten deshalb gegen Ausländer, weil das so schön einfach ist? Was ist »simpel« daran, gegen Ausländer zu sein? Inwiefern macht sich Herr Kalkofe das jetzt zu einfach?

»Populisten geben auf vielschichtige Probleme einfache Antworten. Das kommt gerade bei jenen gut an, die durch die Komplexität von Digitalisierung und Globalisierung und den mit ihnen einhergehenden gestiegenen Mobilitäts- und Flexibilisierungserfordernissen verunsichert und durch den stetigen Wandel aus dem bekannten und vertrauten Status quo herausgerissen werden.«

Der Wirtschaftswissenschaftler Thomas Straubhaar,
Huffington Post, vom 22.9.2016

»Die Entscheidungsprozesse sind natürlich schwer nachvollziehbar. Sie sind abstrakt geworden, denken Sie an so etwas wie die Eurokrise, im Grunde gar nicht mehr nachvollziehbar. Was umgekehrt für die Politiker das Problem bedeutet, dass sie heute auf internationalen Treffen der Regierungschefs Milliardenpakete in einer völlig abstrakten Art und Weise schnüren müssen. Und am nächsten Tag müssen sie den Leuten erklären, dass möglicherweise die Lebensarbeitszeit verlängert werden muss oder die Renten nicht mehr ganz so passen werden, wie man das gewöhnt ist. Das ist ein Spagat, der extrem ist. Der hat mit der zunehmenden Komplexität unserer Gesellschaft, unserer Welt insgesamt zu tun, worunter letztlich alle, wenn man so will, leiden.«

Der Historiker Andreas Wirsching zum Rechtsruck in Europa
im Interview mit Deutschland Radio Kultur, 27.8.2016

Fragen:
Was ist am Schnüren von Milliardenpaketen »abstrakt«? Wer hat welches von den vielschichtigen Problemen, von denen Herr Straubhaar spricht? Sind diese Probleme für Bürger und Politiker dieselben? Für welche Sorte »Problem« und »extremen Spagat« der Politiker hat Herr Wirsching vollstes Verständnis?

(Gegen-)Thesen:

1. Die These, dass die rechten Parteien so attraktiv seien, weil sie »einfache Lösungen« anbieten würden, will sich um den Inhalt der Lösungen nicht kümmern: Die rechten Parteien, so der Gedanke, bieten diese Lösungen nicht an, weil sie davon politisch überzeugt sind, sondern nur, weil sie als einfache Lösungen eine taktische Wirkung auf den Wähler hätten, der es es gerne einfach hätte. Spiegelbildlich ist gemäß dieser These auch für Wähler, Schläger und Demonstranten nicht der politische Inhalt der rechten Standpunkte das Überzeugende, sondern dass sie einfache Standpunkte seien. Dass das Einfache das für den Wähler Entscheidende sein soll, tilgt den politischen Inhalt der Entscheidung, lässt ihn zumindest nachrangig erscheinen.
2. Oliver Kalkofe drückt in seiner Glosse die übliche Verachtung für die rechten Wähler deutlich aus. Denkfaulheit und Dummheit soll gerade die leiten, die den rechten Gedanken und Parteien folgen: Nicht, *was* sie denken, sondern dass sie im Grunde *gar nicht* denken (wollen), soll erklären, dass sie der AfD ihre Stimme geben. Die Wissenschaftler Straubhaar und Wirsching drücken den gleichen Gedanken vornehmer aus – die einfachen Geister sind (im Unterschied zu ›uns‹) der »Komplexität« der Welt einfach nicht gewachsen. Ganz ohne den Inhalt rechten Denkens kritisch zu prüfen, wird es als Denken zweiter Klasse abgewertet: An die Stelle der politischen Auseinandersetzung tritt die Beschimpfung und die inhaltsleere elitäre Abgrenzung.
3. Der Gegenpol zur Verachtung der Rechten und ihrer Anhänger ist das Hohe Lied auf die Politiker, die keine einfachen Antworten geben, sondern sich der »Komplexität« der Gesellschaft, ja der Welt insgesamt, stellen. Sie sind, folgt man der Hochachtung des Historikers Wirsching, die Experten, die diese Komplexität allein begreifen können, Entscheidungen treffen, die außer ihnen keiner mehr nachvollziehen kann, und diese Entscheidungen an das niedere Volk vermitteln (müssen). So bewältigen sie ein Problem durch einen bewundernswerten »Spagat«: Sie erklären den Bürgern, dass deren Wohlfahrt einfach zu teuer für den Staat ist, sodass sie immer länger arbeiten müssen und mit ihrer stetig sozialstaatlich gesenkten Rente trotzdem verarmen – und das trotz eines existierenden Reichtums, der so immens ist, dass er sogar in Milliardenpaketen für die Rettung von Banken und Staatsfinanzen aufgewandt werden kann. Für die-

ses »Vermittlungsproblem« der Politiker Verständnis zu haben, ist zynisch und verkehrt: Damit wird das Nebeneinander von Reichtum und Verarmung zur quasi naturnotwendigen Folge einer dubiosen steigenden Komplexität der Welt erklärt, die eigentlich nur die Politiker verstehen – die Betroffenen haben es einfach wie ein Naturgesetz hinzunehmen.

4. Dass der Unterschied zwischen den regierungsamtlichen politischen Standpunkten und denen der Rechten im Grad der Komplexität liegen soll, ist bei genauerer Betrachtung selbst eine grobe Vereinfachung und nicht überzeugend. Was beispielsweise soll an der Behauptung der rechten Parteien »simpel« oder leicht zu verstehen sein, dass niedrige Renten, Altersarmut und fehlende Kitaplätze daran lägen, dass so viel Geld für Flüchtlinge ausgegeben würde, wo doch die Beschwerden über diese sozialen Mängel seit Jahrzehnten und unabhängig davon bestehen, ob gerade viele Flüchtlinge kommen oder nicht? Wieso sollte – ein weiteres Beispiel – die ›bürgernahe‹ Werbung für die europäische Währungsunion, durch sie würden ›Wechselgebühren wegfallen‹ und das Reisen erleichtert werden, komplizierter sein als die Behauptung der Rechten, die Währungsunion schade dem deutschen Volk, weil es für die Schulden anderer Staaten zahlen müsse, die die gefälligst selbst zu tragen hätten?

Fazit

»Einfach« und »simpel« sind die Politikangebote der Rechten keineswegs. Sie unterscheiden sich von denen der etablierten Parteien nicht im Grad der Komplexität, sondern durch ihren Inhalt. Die Anhänger und Wähler rechter Parteien sind deshalb auch nicht dümmer als die anderer Parteien – jedenfalls nicht in dem Sinne, dass sie der »Abstraktheit« politischer Entscheidungen oder der »Komplexität« unserer Welt geistig weniger gewachsen wären als andere Zeitgenossen. Sie denken nicht beschränkt oder gar *nicht*, sondern *anders*. Wenn man sich mit ihren Standpunkten auseinandersetzen und deren Fehler aufdecken will, muss man sich mit deren Inhalten auseinandersetzen – und darf sich die Sache nicht dadurch selbst zu einfach machen, dass man Rechte einfach für doof erklärt.

Gängige Erklärung 4: »Unzufriedenheit mit den Eliten« – Die Rechten haben Zulauf, weil weite Teile des Volkes kein Vertrauen (mehr) in die politischen Eliten haben.

»Die Erfolge der Rechtspopulisten sind in erster Linie durch Unzufriedenheit mit den bisher regierenden politischen Eliten zu erklären.«

Der Politikwissenschaftler Kamil Marcinkiewicz im Interview zu den Gründen des Rechtsrucks; www.uni-hamburg.de/newsletter/mai-2016/warum-kommt-es-in-europa-zum-aktuellen-rechtsruck-herr-marcinkiewicz.html

»Was den Rechtspopulismus so gefährlich macht, sind nicht so sehr Fremdenfeindlichkeit, Ausländerhass und ethnische Prioritätensetzung. Das ist zwar bedenklich genug, aber es handelt sich um Sekundärfolgen eines viel grundsätzlicheren Angriffs auf das liberal-demokratische Demokratieverständnis – im Namen von mehr Demokratie. ... Populisten haben ein feines Gespür dafür, dass hier eine Verengung des politischen Handelns auf Elitenabsprachen und eine zunehmende Bürgerferne von Politik stattfindet. Das von Burke für notwendig erachtete Vertrauen der Wähler in die Repräsentation schwindet dahin.«

Karin Priester, Rechtspopulismus und Demokratie in Europa, Neue Gesellschaft Frankfurter Hefte 1 2010, S. 59f.

Fragen:
Hat die Unzufriedenheit mit den regierenden Eliten auch einen Inhalt? Warum schlägt sie sich ausgerechnet in Wählerstimmen für die AfD (und nicht für DKP, Ökologisch-Demokratische Partei, Tierschutzpartei, Partei Bibeltreuer Christen etc.) nieder? Wieso führt die Kritik an der »Bürgerferne von Politik« ausgerechnet zur »Sekundärfolge« Fremdenfeindlichkeit und Ausländerhass? Ist es nicht vielleicht umgekehrt?

»Politik muss den potenziellen Wählern dieser Parteien klarmachen, dass sie ihre Sorgen ernst nehmen. Man muss versuchen, diesen sich abgehängt fühlenden Wählermilieus klarzumachen: Auch wir sind an euren realen Lebensumständen interessiert. Und wir tun unser Bestes, das im positiven Sinne zu verändern. Und wir hören euch zu und wir nehmen das ernst, was ihr uns zu sagen versucht. Das, glaube ich, wäre der allerelementarste Schritt, um dem Rechtspopulismus dieses Wir-sind-diejenigen-die-wirklich-das-Ohr-am-Volk-haben-Image abzujagen, was im Moment eine dringende Notwendigkeit ist für die etablierten Parteien.«

Der Politologe Ernst Hillebrand im Deutschlandfunk, 30.7.2015; www.deutschlandfunk.de/europa-suche-nach-rezept-gegen-rechtspopulismus.1148.de.html?dram:article_id=326950

»[Deutschlandradio Kultur]: Man kann ja beobachten, dass der eine oder andere Politiker ja durchaus versucht ist, Parolen von Pegida oder der AfD zu übernehmen und die so ein bisschen schöner zu verpacken.

Andreas Wirsching: Ja. Ich halte das für falsch. Ich halte es für falsch und auch nicht für ganz ungefährlich. Denn in einer Situation, wo es Tendenzen zum Radikalismus gibt, in einer solchen Situation ist es, meine ich, gefährlich, rhetorisch mit den Radikalen konkurrieren zu wollen. Denn (!) die Erfahrung zeigt, dass in einer solchen Situation gewissermaßen das radikale Original dann am Ende die Nase vorn hat.«

Der Historiker Andreas Wirsching im Interview mit Deutschlandradio Kultur, 27.8.2016

Fragen:
Warum und wie soll den Wählern klargemacht werden, dass die Politik ihr »Ohr am Volk« hat und sich um ihre Probleme kümmert? Würden sie das, wenn dem so wäre, nicht selber merken? Worin unterscheidet sich dieses Programm der Vertrauenswerbung vom »Rechtspopulismus«, der damit bekämpft werden soll? Warum sollte man nach Meinung von Herrn Wirsching rechte Parolen nicht übernehmen? Sollte man rechte Parolen dann verwenden, wenn man damit »die Nase vorn« hätte?

(Gegen-)Thesen

1. Es ist schon so, dass sich in den Wahlstimmen für die AfD eine prinzipielle Unzufriedenheit vieler Bürger mit der Art und Weise äußert, wie sie ›von oben‹ regiert werden. Dass sich der Protest dagegen aber in der Unterstützung ausgerechnet rechter Parteien niederschlägt, zeigt: Die Unzufriedenheit mit den »regierenden Eliten« hat einen spezifischen politischen Inhalt – und der besteht im Vorwurf, die etablierten Parteien würden das Land durch ihre Politik der Öffnung für Flüchtlinge, Ausländer und der Einbindung in internationale Strukturen um seine »Identität« bringen.
2. Dieses Verhältnis wird auf den Kopf gestellt, wenn Frau Priester Ausländerhass und Fremdenfeindlichkeit zu »Sekundärfolgen« eines viel prinzipielleren Vertrauensverlusts in das demokratische System erklärt. Wo soll dieses Misstrauen eigentlich herkommen, wenn nicht aus der Kritik an der Regierungspolitik – und der Inhalt dieser Kritik ist mit den ›Kernthemen‹ der rechten Parteien eindeutig umschrieben: gegen Ausländer und die angebliche Unterordnung nationaler Interessen unter ›das Ausland‹. Das leuchtet rechten Wählern so sehr ein, dass sie den Frontalangriff rechter Bewegungen gegen die »Vaterlandsverräter« mittragen.
3. Wer nur den (in logischer Hinsicht) negativen Befund festhält – Rechte vertrauen dem demokratischen System *nicht* (mehr) –, streicht den (in logischer Hinsicht) positiven politischen *Inhalt* der rechten Fundamentalopposition durch. Offenbar interessieren sich die zitierten Wissenschaftler weniger für diese ausländerfeindlichen, nationalistischen und rassistischen Positionen als für den – für sie anscheinend weit »bedenklicheren« – Umstand, dass sie einen prinzipiellen Vertrauensschwund in die repräsentative Demokratie konstatieren müssen. *Dass* da eine Distanz zwischen dem Volk und seinen Repräsentanten vorliegt, ist so gesehen viel entscheidender als die Frage, worauf sich diese Distanz gründet und welchen Inhalt sie hat – folgerichtig spielt bei der Überlegung, mit welchen Gegenmaßnahmen dem ›Rechtsruck‹ zu begegnen ist, die Auseinandersetzung mit dessen Inhalten keine besonders große Rolle.
4. Wenn die prinzipielle Feindschaft rechter Parteien und Wähler gegen das demokratische System von ihrem Inhalt und Grund getrennt wird, dann ist das nicht nur verkehrt – es liefert auch die Vorlage dafür, die etablierten Parteien und deren Maßnahmen zur ›Rück-

gewinnung‹ rechter Wähler davon zu befreien, einen Gegensatz zu inhaltlichen Standpunkten der Rechten argumentativ auszutragen. Stattdessen empfehlen die zitierten Wissenschaftler, den Bürgern irgendwie das ›Gefühl‹ zu vermitteln, dass sie den etablierten Parteien eher vertrauen können als den rechten – so soll dann um das »Image« konkurriert werden, ganz nah am Ohr des Volkes zu sein: Vertrauensbildende Maßnahmen, vulgo: Anbiederung, sollen kritische Auseinandersetzung ersetzen.

5. Dass es bei dieser Konkurrenz um den erfolgreicheren Populismus naheliegt, rechte Positionen zu übernehmen, merken die so argumentierenden Wissenschaftler selber – und dementieren: Nein, die Parolen der Rechten wolle man nicht übernehmen – warum? Nicht weil sich das von deren Inhalten her sowieso verbietet und weil man ja gegen diese Parolen und die darin geäußerten Standpunkte vorgehen und sich nicht mit ihnen gemein machen will – sondern weil »die Erfahrung zeigt«, dass das die Rechten eher stärkt als schwächt. Klarer kann man kaum ausdrücken, dass es diesen Wissenschaftlern weniger darum geht, gegen Ausländerfeindlichkeit und Rassismus zu Felde zu ziehen, als vielmehr den etablierten Parteien Tipps für ihre Konkurrenz mit Rechts um das Image von Volksnähe zu geben.

Fazit

Wenn man die bloße Tatsache, dass Wähler und Anhänger rechter Parteien dem etablierten demokratischen System und den regierenden Eliten nicht (mehr) vertrauen, zum eigentlichen Inhalt des Rechtsrucks erklärt, dann werden die nationalistischen und rassistischen Inhalte rechter Standpunkte zur Nebensache erklärt. In Wahrheit sind sie der Grund für die so rigoros vorgetragene Feindschaft, die von rechten Parteien und Bewegungen gegenüber den demokratischen Parteien artikuliert wird. Die Sorge um die Wiederherstellung des Vertrauensverhältnisses zwischen Volk und politischer Führung ersetzt die kritische Auseinandersetzung mit diesen Inhalten – an ihre Stelle treten taktische Überlegungen, wie man die Konkurrenz gegen Rechts um ein ›volksfreundliches‹ Image betreiben sollte.

→ Gängige Erklärung 5: **»Populismus und Rattenfängerei« – Wähler werden von rechten Populisten verführt, die deshalb so attraktiv sind, weil sie dem Volk nach dem Mund reden, aber ihre eigentlichen Ziele verschleiern.**

»Entscheidend ist, dass das schleichende Gift des Populismus sich nicht weiter einfrisst. ... Den Rattenfängern vom rechten Rand, die mit kulturpolitischen Zielen wie der Verankerung der deutschen Sprache als Staatsziel im Grundgesetz oder der Erklärung von Kultur als Pflichtaufgabe auf allen staatlichen Ebenen werben, darf nicht auf den Leim gegangen werden.«

Olaf Zimmermann & Gabriele Schulz, www.kulturrat.de, 25.2.2017

Frage:
Was wird von Anhängern der Rechten behauptet, wenn man sagt, sie seien »Rattenfängern« »auf den Leim gegangen«?

»Ein Grund ist aber auch der propagandistische Wandel bei der extremen Rechten. Man sieht dort, dass man mit Kultur und Religion viel mehr Stimmung machen kann als mit einfachen Ausländerraus-Parolen: Wenn sie sich auf die Bedrohung des christlichen Abendlandes beziehen, sind die Rechten viel erfolgreicher, weil solche Aussagen anschlussfähiger an die Diskurse in der Mitte der Gesellschaft sind.«

Hans-Peter Killguss, Leiter der Info- und Bildungsstelle gegen Rechtsextremismus im NS-Dokumentationszentrum der Stadt Köln, im Interview mit dem Goethe-Institut Prag, Mai 2013

»Das erste Zwischenziel ist also nicht, formale Macht über Entscheidungen zu erlangen, sondern die faktische Deutungshoheit zu wichtigen Themen – und damit die Macht über die Gedanken der Menschen. ... Die Verschleierung der wahren Ziele beugt Verboten vor und führt dazu, dass sich nur einige Landesämter in ihren Verfassungsschutzberichten mit dem Phänomen der neuen Rechten auseinandersetzen.«

Christoph Giesa, Die neuen Rechten – keine Nazis und trotzdem brandgefährlich. In: Aus Politik und Zeitgeschichte 9/2015, S. 17

Fragen:
»Verschleiern« die Rechten wirklich ihre »wahren Ziele«? Sehen die Rechten eine Gefahr für ihr christliches Abendland nur aus taktischen Gründen, also gar nicht ›wirklich‹? Wollen sie »die deutsche Sprache als Staatsziel« im Grundgesetz verankern« – oder ist das nur Taktik und »Rattenfängerei«? Wie soll das gehen: die »Macht über die Gedanken der Menschen« zu erlangen? Fühlt sich jeder, der die rechten Parolen hört, so davon angesprochen, dass er gar nicht anders kann, als ihnen »auf den Leim zu gehen«?

»Wer den Populismusvorwurf erhebt, sollte – gut jesuitisch – die Gabe der Unterscheidung üben. Meint er zu Recht den demagogischen Antänzer, der seine Opfer in die Falle lockt, umarmt, um sie zu missbrauchen oder auszunehmen? Oder verdächtigt er das Bemühen als unanständig, die Leute mit ihren Sorgen und Nöten ernst zu nehmen, ihnen zuzuhören und sie auf der Suche nach Lösungen zu begleiten?«

Bodo Hombach im Handelsblatt vom 20./21./22.1.2015

Frage:
Wie kann man, wie von Herrn Hombach gefordert, zwischen ›gutem‹ und ›bösem‹ Populismus unterscheiden?

(Gegen)Thesen

1. Die Erklärung, die Attraktivität der rechten Parteien und Organisationen komme daher, dass diese dem Volk nach dem Mund reden und ihre wahren Absichten verschleiern, unterstellt den Parteien ein taktisches Verhältnis zu ihren politischen Positionen und Veröffentlichungen. Die Idee lebt von dem Gedanken, dass die rechten Parteien das, was sie verlautbaren, nicht wirklich ernst meinten, und dass sie diese Positionen nur vertreten würden, um Anhänger zu bekommen. Dafür aber, dass die Positionen gar nicht ernst gemeint wären, liefern die Vertreter dieser Erklärung keinen Anhaltspunkt, und der lässt sich bei den Rechten auch gar nicht finden. Warum sollten diese ihre ausländerfeindlichen, europakritischen und gegen die Politik gerichteten Positionen nicht ernst, sondern nur taktisch meinen?
2. Dass die rechten »Rattenfänger« dem Volk nach dem Mund reden, z.B. indem sie ihnen Wohltaten versprechen, lässt sich auch an deren Positionen selbst nicht entdecken. Was sie versprechen, ist, den Staat gegen äußere und innere Feinde zu stärken, Ausländer aus der Nation und aus den Sozialsystemen auszugrenzen, die deutsche Kultur zu schützen und den Interessen des deutschen Staats in Europa und in der Welt mehr Geltung zu verschaffen. Keines dieser politischen Ziele verspricht den Deutschen eine Besserung ihres Lebens, mehr Bequemlichkeit oder größere Wohlfahrt. Es zeigt sich also, dass die Verteufelung der Rechten als »Rattenfänger« keinen anderen Gehalt und Grund hat als die Unzufriedenheit mit deren Erfolg: Weil einem dieser nicht gefällt, seine Verurteilung sich aber die Kritik der inhaltlichen Positionen schenkt, wird er als mit unlauteren Mitteln erzielt dargestellt, die erfolgreichen Rechten noch weiter ins moralische Abseits gestellt, in dem man sie ohnehin angesiedelt hat.
3. Die Behauptung, die Wähler rechter Parteien würden »Rattenfängern« auf den Leim gehen, verwandelt die Einigkeit in den Anschauungen zwischen rechten Politikern und ihren Anhängern in ihr Gegenteil: Mittels geschickter populistischer Verführung würden dem Volk Gedanken eingeflößt, die es eigentlich gar nicht haben will, die es aber wie in Hypnose übernimmt. Das ist erstens Unsinn: Nicht jeder, der rechte Parolen hört, verfällt der von ihnen angeblich ausgehenden »Macht über Gedanken« und wird rechts. Diese Manipulationsidee, derzufolge man anderen Menschen Gedanken aufzwingen könnte, die von denen eigentlich abgelehnt werden, ist etwas fürs

Gruselkabinett bzw. ein Traum für Leute, die diese Macht gerne hätten, aber nichts für seriöse Wissenschaft.

4. Zweitens werden auf diese Weise die Anhänger der Rechten entschuldigt und vor dem Vorwurf, sie seien rechts, in Schutz genommen: Eigentlich denken sie gar nicht so rechts, wie sie es tun. Zu ihren rechten Positionen sind sie ja verführt worden, es sind also gar nicht ihre eigenen – letztlich können sie gar nichts für ihre Meinungen und Standpunkte. Dabei ist es in Wahrheit völlig unerheblich, ob jemand selbst auf einen Gedanken gekommen ist oder ob er ihn von einem anderen vorgelegt bekommen hat: Wenn er ihm einleuchtet, macht er ihn sich zu eigen, dann *ist* es auch seiner.
5. Drittens werden die rechten Wähler so der Dummheit bezichtigt: Sie lassen sich, geistig minderbemittelt, wie sie sind, zu Positionen verführen, lassen sich Gedanken aufschwätzen, die sie eigentlich gar nicht haben wollen. All das geht an der Sache vorbei: Die Anhänger der Rechten werden nicht durch Verführung, Täuschung und Manipulation rechts. Wenn ihnen die Parolen der rechten Politiker einleuchten und gefallen, dann denken sie genauso wie die rechten Macher und Führer und stimmen mit deren politischen Urteilen überein. Mit denen muss man sich also kritisch auseinandersetzen, anstatt sich mit pseudowissenschaftlicher Arroganz über das dumme rechte Wahlvolk zu erheben und sich die inhaltliche Kritik seines Denkens zu ersparen.
6. Die Kritik an den rechten »Rattenfängern« verwendet den Populismusvorwurf sehr selektiv: Wie oben in Punkt 4 gesehen, wird es geradezu als Aufgabe seriöser Parteien angesehen, für Zustimmung zu ihrer Politik dadurch zu werben, dass man den Wählern ›das Gefühl gibt‹, sie würden in ihren Anliegen ernst genommen – wieso gilt das nicht als Populismus? Weil man mit der politischen Richtung einverstanden ist, die sich auf diese Weise um das Image von Volksnähe bemüht. Der Populismusvorwurf ist also abhängig davon, gegen wen man ihn erheben will – man muss schon vorher wissen, für bzw. gegen welche politische Richtung man eingestellt ist, um das eine Mal ein verantwortungsvolles Schließen einer »Lücke« zwischen Volk und Regierung – das wäre dann sozusagen der ›gute Populismus‹ – und das andere Mal bösen Populismus, Verführung und Rattenfängerei zu entdecken.

Fazit

Die gängigen Erklärungen, warum rechtes nationalistisches und rassistisches Gedankengut in den westlichen Demokratien immer populärer wird, sprechen dem Anwachsen der rechten Bewegungen den politischen Charakter ab. Die Rechten würden – folgt man den Erklärungen – ihre Anhänger aus Angst, Dummheit, prekärer sozialer Lage, Bequemlichkeit oder durch Verführung gewinnen. Dass die Wähler der Rechten wissen, warum sie ihr Wahlkreuz bei den entsprechenden Parteien setzen, dass die rechten Demonstranten meinen, was sie skandieren, und dass die rechten Gewalttäter wirklich ihre Opfer meinen und treffen wollen, scheint den Kommentatoren aus Wissenschaft und Medien so unfassbar, dass sie zu weitgehend unpolitischen (psychologischen/anthropologischen/soziologischen) Deutungsversuchen kommen oder die Erklärung einfach gleich durch eine moralische Aus- bzw. elitäre Abgrenzung ersetzen. Das Spezifische ihres Themas, politisch radikale Überzeugungen und politisch motivierte Gewalt, verpassen sie dabei zielstrebig: Sie entpolitisieren ihren politischen Gegenstand. Politisch unerwünschte Überzeugungen sind keine Überzeugungen – das scheint das Einmaleins dieser Erklärungen zu sein.

Einleuchtend ist das nicht: Wenn Menschen ihre schlechte soziale Lage nationalistisch und rassistisch erklären, dann ist der Grund ihres Nationalismus allemal nicht einfach diese Lage, sondern dass sie sie nationalistisch interpretieren. Wenn sie Angst davor haben, dass sie sozial absteigen könnten, und deswegen rechts wählen, dann müssen sie eine Vorstellung davon haben, warum gerade Ausländer statt des sie entlassenden Betriebes daran schuld seien; »Verführung« zum Nationalismus geht nicht ohne Einsicht in die Argumente des Verführers. Nimmt man dagegen die Wähler und Täter als urteilende Subjekte ernst, und spricht ihnen ihre Urteilsfähigkeit nicht ab, auch wenn man ihre Urteile falsch und gefährlich findet, dann ist die Erklärung, warum sie den Rechten folgen, einfach: Sie finden deren politische Ansichten richtig und teilen sie. Die Konsequenz aus dieser schlichten und bitteren Wahrheit besteht darin, dass an der argumentativen Auseinandersetzung mit diesen politischen Überzeugungen, mit Nationalismus, Rassismus und Ausländerfeindlichkeit, im Kampf gegen den Rechtsruck kein Weg vorbei führt.

b) Wie die etablierte Politik auf den ›Rechtsruck‹ reagiert

»Die CDU-Spitzenkandidatin für die Landtagswahl in Rheinland-Pfalz, Julia Klöckner, hat gemahnt, Anhänger der AfD ernst zu nehmen. Zwar schließe sie eine Koalition mit der rechtspopulistischen Partei aus. ›Deren Wähler sollten wir aber nicht beschimpfen, wir müssen sie zurückgewinnen‹, sagte die Politikerin den Zeitungen der Funke Mediengruppe ... Sie könne verstehen, wenn Menschen Fragen, Sorgen und Ängste hätten. Man müsse aber klar machen, dass die AfD darauf keine Antworten habe.«

WELT-N24, 10.3.2016

»Der schleswig-holsteinische CDU-Chef Ingbert Liebing sagt, man müsse die Sorgen und Ängste der Menschen ernst nehmen, die die AfD so erfolgreich habe werden lassen ... ›Rechts von der Union darf es im demokratischen Spektrum keine Konkurrenzpartei geben‹, sagte Liebing. Deswegen sei es auch die zentrale Aufgabe der Union, im Parteiensystem stabilisierend zu wirken. Das bedeute aber nicht, dass sie den Parolen der AfD hinterher laufe, sondern dass sie argumentativ für ihre Politik werbe. Die Menschen, die sich konservativen Ideen verbunden fühlen, müssten sich bei der Union zu Hause fühlen.«

NDR.de, 4.5.2016

»Wir müssen endlich die Ängste der Menschen ernst nehmen und uns mit ihnen auseinandersetzen, statt sie zu bekämpfen.«

Thüringens Ministerpräsident Bodo Ramelow (DIE LINKE),
Thüringer Allgemeine, 9.4.2016

Fragen:
Welches ›Zwar-Aber‹ zieht sich durch diese Stellungnahmen zu den Erfolgen der AfD? Wenn Frau Klöckner die »Fragen, Sorgen und Ängste« der AfD-Anhänger »versteht« – worin will sie sich dann von der AfD unterscheiden? Hat die AfD wirklich »keine Antworten« oder einfach andere? Welche davon unterschiedenen »Antworten« bietet Frau Klöckner an? Ist »Anhänger der AfD »ernst nehmen« dasselbe wie sie »zurückzugewinnen«? Wieso muss Herr Liebing extra betonen, dass er nicht »den Paro-

len der AfD hinterher« laufen wolle – versteht sich das nicht von selbst? Und wieso »darf« es rechts von der CDU keine »Konkurrenzpartei« geben? Inwiefern konkurriert die CDU mit der AfD? Wen oder was will Herr Ramelow nicht »bekämpfen« – die Ängste, die Menschen oder ihre rechtslastigen Auffassungen?

Thesen zum Versuch der etablierten Parteien, die AfD von ihren Anhängern und Wählern zu trennen

1. Die durch den Rechtsruck aufgeschreckten etablierten Parteien reagieren auf die Wahlerfolge der AfD mit einem bemerkenswerten Zwar-Aber: Zwar seien die politischen Positionen, die von der AfD so erfolgreich vertreten werden, indiskutabel, sodass sich eine Zusammenarbeit mit dieser Partei schlichtweg verbiete. Aber deren *Wähler*, die die rechten Positionen offenkundig attraktiv finden, sollen »ernst genommen« werden. Was damit gemeint ist, wird deutlich, wenn das Verständnis betont wird, das man den (angeblichen) Motiven für die Wahl rechter Parteien entgegenbringt: »Ernst genommen« werden die rechten Wähler gerade nicht in dem, was sie zum Problem und zum Adressaten der »Rückgewinnungs«-Bemühungen macht – eben ihren rechten Einstellungen. »Ernst genommen« werden sie nicht als politisch denkende Menschen, mit deren verkehrten und gefährlichen Urteilen man sich auseinanderzusetzen hätte. »Ernst genommen werden« sollen sie stattdessen hinsichtlich ihrer (unpolitischen) »Fragen, Sorgen und Ängste«, die angeblich hinter ihren politischen Urteilen stehen – die selber werden damit zur vernachlässigbaren Größe. Konsequenterweise erscheint eine kritische Auseinandersetzung mit den Inhalten rechter Parolen wie die unangemessene »Bekämpfung« der »Menschen« bzw. ihrer »Ängste«, als »Beschimpfung« – während die Verwandlung von nationalistischen und rassistischen Standpunkten in den Ausdruck von Alltags-Sorgen und -Ängsten als »Ernstnehmen« gilt.
2. Das Bemühen der etablierten Politik geht offenbar dahin, die unerfreuliche Tatsache des rechten Wahlkreuzes von denen, die dieses Kreuz gemacht haben, gedanklich zu trennen: ›Eigentlich‹ stehen dahinter nicht weiter zu kritisierende, vielmehr irgendwie menschlich verständliche Motive, für die man sich als etablierte Parteien zuständig sieht. Dass Wähler und Anhänger rechter Parteien irgendwie rechts *sind* und man sich mit ihren Auffassungen kritisch auseinanderzusetzen hat, will man damit vergessen machen – nach dem Motto: Die rechten Parteien gehören nicht zu unserem guten, »hellen Deutschland« (Ex-Bundespräsident Joachim Gauck), ihre Wähler schon!
3. Der Grund für diese merkwürdige Trennung besteht erkennbarerweise darin, dass sich die etablierten Parteien in einer Konkurrenz mit

der AfD um die Wähler sehen: Die gilt es den Rechten wieder abzujagen. Wenn die bisherigen AfD-Wähler ihr Kreuz wieder bei der CDU machen, sich bei ihr »zu Hause fühlen«, dann ist deren Welt ohne »Partei rechts von ihr« wieder in Ordnung, auch wenn sich die rechte Gesinnung dieser Menschen kein Stück geändert haben muss – »zurückgewinnen« ist die Parole. »Ernst genommen« werden die Anhänger rechter Standpunkte also als Wähler: Die »Auseinandersetzung« mit ihnen besteht im Bemühen, sich als die einzig richtige Adresse für eben die Anliegen zu präsentieren, die sie zur AfD geführt haben.

4. Das Dementi, man wolle keinesfalls diese Konkurrenz um Wählerstimmen so führen, dass man »Parolen der AfD hinterher« läuft, ist verräterisch: Das scheint naheliegend, wenn man der rechten Partei Menschen abspenstig machen will, ohne deren »Fragen, Sorgen und Ängste«, die sie bei rechten Parteien ganz gut aufgehoben finden, kritisch zu hinterfragen. Die in den oben im 1. Abschnitt dargestellten und kritisierten Erklärungsversuchen vorgenommene Entpolitisierung des Rechtsrucks und der Motive seiner Anhänger tut da gute Dienste: Wenn den Sorgen und Anliegen rechter Wähler (»Überfremdung!«, »Islamisierung des Abendlandes!«, »Keine Flüchtlinge in unserer Nachbarschaft!«, »Ausländer raus!«, »Raus aus dem Euro!« etc.) der politische Charakter genommen wird und sie in allgemein menschliche, allzu verständliche Alltagssorgen verwandelt werden, dann erübrigt sich eine kritische Auseinandersetzung. Dann kann man unbeschwert um die Vereinnahmung dieser Anliegen für die eigene Partei konkurrieren.

»Plan des rechten SPD-Flügels: Neue Polizisten gegen die ›Rattenfänger der AfD‹
Der Sprecher des Seeheimer Kreises, Johannes Kahrs, sagte der SZ: ›Wenn es uns nicht gelingt, den Staat wieder zu einem wirklich starken Staat zu machen, werden die Rattenfänger von der AfD weiteren Zulauf erhalten.‹«

AFP, rtr, t-online.de, 2.2.2016

Fragen:
Was ist der Unterschied zwischen der Forderung nach einem »wirklich starken Staat« durch rechte SPDler und durch die »Rattenfänger von der AfD«? Kopiert diese SPD-Gruppierung damit die AfD – womöglich aus wahltaktischen Gründen?

»Ungesteuerte Massenzuwanderung ist ein Verbrechen an unseren Kindern.«

Uwe Junge, AfD-Landesvorsitzender und Spitzenkandidat in Rheinland-Pfalz, AZ, 6.1.2016

»Das deutsche Asylrecht funktioniert in der bestehenden Form nicht mehr.«

Alexander Gauland, AfD

»Wir werden uns gegen Zuwanderung in deutsche Sozialsysteme wehren bis zur letzten Patrone.«

Horst Seehofer, CSU

»Unser Herz ist weit, aber unsere Möglichkeiten sind endlich.«

Bundespräsident Joachim Gauck

»Wir brauchen einen Islam auf Basis der Verfassung.«

Cem Özdemir, Grüne

»Ich fordere von der Bundeskanzlerin eine schlüssige Antwort und Taten, wie wir den Zustrom von Flüchtlingen begrenzen.«

Malu Dreyer, SPD

»Wir müssen jetzt schnell das Signal aussenden, dass wir Flüchtlinge ohne offensichtliche Bleibeperspektive bereits an der Grenze abweisen.«

Lorenz Caffier, CDU

»Wir nähern uns in Deutschland mit rasanter Geschwindigkeit den Grenzen unserer Möglichkeiten.«

Sigmar Gabriel, SPD

Quelle aller Aussagen: www.rp-online.de\\politik\\deutschland\\quiz-zur-fluechtlingskrise-welcher-politiker-hat-s-gesagt-aid-1.5449797 (Zugriff: 11.4.2017)

Frage:
Was sind die Unterschiede und was die Gemeinsamkeiten zwischen diesen Äußerungen?

Karikatur 3

Pedro

Karikatur 4

Thomas Plaßmann

Fragen:
Welches Bild vom Kampf gegen Rechts wird in der Karikatur 3 gezeichnet?

Was ist die Botschaft von Karikatur 4? Tun die beiden Karikaturen den etablierten Parteien unrecht? Inwiefern übertreiben sie und inwiefern nicht?

Thesen zu Gemeinsamkeiten und Unterschieden zwischen etablierten und rechten Parteien

1. Die zitierten Äußerungen der Politiker aller Parteien zeigen, dass sie in der Definition des Inhalts und der Dringlichkeit des »Ausländer- oder Flüchtlingsproblems« mit den Rechten eine große Übereinstimmung haben. Sie zeigen auch, dass die Konkurrenz um Wählerstimmen unter anderem damit geführt wird, dass der im Volk verbreiteten Skepsis gegen Ausländer die eigene statt der anderen Partei als Angebot unterbreitet wird. So kann man, wie der Karikaturist, auf die Idee kommen, es fände eine bloße Umetikettierung ursprünglich rechter Parolen statt, wenn die etablierten Parteien deren Standpunkte ganz oder in Teilen übernehmen.
2. Das ist in zweierlei Hinsicht übertrieben: Erstens verdanken sich die zitierten Aussagen demokratischer Politiker zum Flüchtlingsproblem nicht dem Bemühen, rechte Parolen aus wahltaktischen Gründen zu kopieren. Zu den so ähnlich klingenden Aussagen gelangen demokratische Politiker vielmehr durchaus aus ihren eigenen politischen Überlegungen: Auch sie finden, dass Flüchtlinge und Ausländer zum Problem werden, wenn sie ›zu viele‹ sind, ›unsere Sozialsysteme‹ überlasten, einer fremden, womöglich ›nicht integrationsfähigen‹ Religion angehören etc., und dass deshalb ein außergewöhnlich dringlicher Handlungsbedarf besteht und ›unser Gemeinwesen‹ dann vor diesen Ausländern geschützt werden muss, wenn es nicht überfordert werden soll. Dann verlangen auch sie Beschränkungen im Zuzug, eine Revision des Asylrechts, verstärkte Abschiebung etc. – alles Forderungen, die sich der Zustimmung vieler Rechter erfreuen dürften, sodass sie sich in ihrer Ausländerfeindschaft mit grundlegenden Botschaften und Positionen des pluralen demokratischen politischen Diskurses einig fühlen können.
3. Zweitens darf bei der Betonung der Gemeinsamkeit zwischen rechter und demokratischer Ausländerpolitik deren Unterschied nicht unter den Tisch fallen. Der besteht in der grundsätzlichen Bedeutung, die die »Ausländerproblematik« für die Rechten hat, und in den Konsequenzen, die die Rechten aus ihrer Problemdefinition ziehen: »Ausländer raus!« Die ausländerpolitische Position der demokratischen Parteien ist da pragmatischer und differenzierter: Ob Ausländer ›bei uns‹ sein dürfen, ist keine prinzipielle Frage, sondern davon abhängig, ob und inwieweit sie dem deutschen Staat nützlich sind: Aus-

ländische Arbeitskräfte können die Lohnkosten deutscher Unternehmen senken und damit den Standort Deutschland stärken; sie können vielleicht sogar – so neueste Überlegungen im politischen Diskurs – das »Demographieproblem« Deutschlands beheben; das Asylrecht kann dazu dienen, gegnerischen Mächten zu signalisieren, dass man ihre Innenpolitik missbilligt; die Zuständigkeit für Flüchtlingsströme kann deutsche Mitsprache bei globalen Konflikten sichern etc.[2] Dieser Nützlichkeits-Standpunkt findet sich in der staatlichen Ausländerpolitik und seinen rechtlichen Ausgestaltungen wieder: Auf der Grundlage seiner prinzipiellen rechtlichen Sortierung der Menschen in In- und Ausländer betrachtet der deutsche Staat im Prinzip alle Menschen der Welt als mögliche Ressource. Er greift auf die zu, die ihm nützen, und ›grenzt‹ (im Wortsinn) die anderen aus.

4. Für Rechte dagegen ist die Anwesenheit von Ausländern immer ein Schaden für das deutsche Volk und seine völkische Identität, der keine Ausnahmen gestattet. Die Kalkulation mit dem möglichen Nutzen von Ausländern stellt für die Rechten nicht nur ein Versäumnis dar, sondern ein Verbrechen an dem elementaren Dienst, den der Staat dem deutschen Volk schuldet: Es vor Fremden (und fremden Mächten) im In- und Ausland zu schützen. Deshalb bekommt ihre Gegnerschaft zu den demokratischen Parteien diese Vehemenz und Unversöhnlichkeit, sind die demokratischen Politiker allesamt »Volksverräter«. Diese politische Logik leuchtet offensichtlich ziemlich vielen Bevölkerungsteilen ein. Deshalb werden diese Parteien gewählt und werden Demonstrationen auf die Beine gestellt, auf denen dezidiert die offiziellen Politiker nicht erwünscht sind und neben Parolen gegen Ausländer auch Hasstiraden gegen Politiker skandiert werden – und deswegen nehmen nicht wenige ihrer Anhänger ›die Sache selbst in die Hand‹ und üben die Gewalt, die sie eigentlich vom Staat erwarten und dort vermissen, privat gegen Ausländer und Flüchtlinge aus.

[2] Diese Nützlichkeitserwägungen gehen bis in den Bereich der Kultur: Dass die Fremden durch ihre fremde Kultur die deutsche bereichern können, geht von der prinzipiellen Fremdheit aus und schätzt darin deren Nutzen für die deutsche Kultur.

Ausländer als »Fünfte Kolonne«

Unter der Überschrift »Fünfte Kolonne« argumentiert die Frankfurter Allgemeine Zeitung dafür, dass in Deutschland geborene und aufgewachsene Kinder türkischer Einwanderer zu Deutschen werden sollten: »Wer etwa beklagt, dass viele schon Jahrzehnte hier lebende Türken noch nicht einmal die Bürgermeister wählen dürfen, muss die Frage beantworten: Warum sind sie nicht längst Deutsche geworden? Deshalb müssen sie ja die Verbindung zur Heimat nicht kappen. Aber man kann nicht alles haben. Wer als Brite lange im Ausland lebte, durfte nicht über den Brexit abstimmen. Und wer hier geboren wurde und aufgewachsen ist, sollte nicht Teil einer ›fünften Kolonne‹ eines auswärtigen autoritären Herrschers sein.«

FAZ, 21.4.2017

Statt Fragen:

Wenn eine bürgerlich-demokratische Zeitung von der türkischstämmigen Bevölkerung als »fünfter Kolonne« redet, in ihnen also Agenten eines feindlichen Staates sieht, »die bei internationalen politischen Konflikten mit dem Gegner des eigenen Landes aus ideologischen Gründen angeblich oder tatsächlich zusammenarbeiten« (Wikipedia, Stichwort »fünfte Kolonne«), dann fragt sich, worin sie sich damit von rechten Ausländerfeinden unterscheidet, die ebenfalls in jedem fremden Staatsangehörigen auf deutschem Boden einen potenziellen Feind Deutschlands sehen. Ausländer stehen für beide offenbar »unter dem Generalverdacht, eventuell mit dem feindlichen Ausland zusammenzuarbeiten« (ebenda). Wird da nicht deutlich, dass eine Grundlage, ein »Nährboden« für rechte Ausländerfeindlichkeit in einer demokratischen Öffentlichkeit besteht, die in Teilen ebenfalls ziemlich prinzipielle Vorbehalte gegen Ausländer pflegt und verbreitet?

Fazit

Es zeigt sich, dass die demokratischen Parteien in der AfD vor allem eine unliebsame Konkurrenz um Wählerstimmen sehen – die zurück zu erobern ist das Hauptziel ihres ›Kampfs gegen Rechts‹. Inhaltlich vertreten sie zum Teil Positionen, die von den nationalistischen und ausländerfeindlichen Standpunkten der extremen Rechten gar nicht so weit entfernt sind. Die rechte ausländerfeindliche Auffassung z.B., dass Ausländer und Flüchtlinge für Deutschland ein dringliches Problem sind, dass man mit Ausländern potenzielle Feinde und Agenten des Auslands im Land hat, ist ebenso wenig ein Privileg der Rechten wie die Forderung nach einem »wirklich starken Staat«. Dass eine beträchtliche Anzahl der Bevölkerung die rechten Standpunkte teilt, ist also nicht so verwunderlich.

Die notwendige Auseinandersetzung mit den Inhalten rechten Denkens kann sich deshalb nicht auf die Erscheinungsformen beschränken, wie sie sich im Aufstieg von rechten Parteien zeigen: Nicht die Aufregung konkurrierender Parteien darüber, dass sich eine Partei wie die AfD erfolgreich in der politischen Landschaft breit macht und den Anspruch auf die alleinige Vertretung von Menschen mit »konservativen Ideen« erschwert, darf die Richtschnur des Kampfs gegen Rechts sein. Der wäre dann nämlich schon gewonnen, wenn sich das konservative bis rechte Gedankengut in Wahlkreuzen für eine etablierte Partei niederschlägt. Vielmehr müssen die Inhalte rechten Denkens in all ihren Erscheinungsformen thematisiert und kritisiert werden – nur dann kann man davon sprechen, Nationalisten, Rassisten und Ausländerfeinde in ihren politischen Standpunkten ernst zu nehmen und ihnen argumentativ entgegenzutreten.

2. Argumente gegen Nationalismus: Sechs Grundelemente des Nationalismus und (Gegen-)Thesen

Zentrale Elemente rechtsradikalen Denkens sind Nationalismus, Nationalstolz, Vaterlandsliebe, Heimatliebe etc. Oft wird von Rechtsradikalen dieses Liebesverhältnis zur eigenen Nation ganz dem Bereich der *Gefühle* zugerechnet und damit gewissermaßen der verstandesmäßigen Beurteilung entzogen:

> »Skin ist man mit dem Herzen.« »Nazi auch?« »Ja, Nazi auch, das ist man mit dem Herzen, mit den Gefühlen!«
>
> Nazi-Skin Kalle in der TV-Dokumentation »Cliquen, Glatzen und ein Club« (1994)

Fragen:
Hat bei aller Gefühlsduselei, die da im Spiel sein mag, der Nationalismus in seinen verschiedenen Spielarten nicht doch eine gewisse Logik? Kann man diese nationalistische Logik einer verstandesmäßigen Beurteilung und Kritik unterziehen – also fragen, ob sie vernünftig ist oder nicht? Und was bleibt dann von ihr übrig?

Diesen Fragen wird im Folgenden anhand von sechs Grundelementen des Nationalismus nachgegangen: Nation als abstrakte Identität und parteiliche Weltanschauung, Nationalstolz, nationale Scham, Liebe zum Vaterland, die ›soziale Frage‹ im Lichte einer angeblichen ›Volksgemeinschaft‹ sowie die Sehnsucht nach nationaler Führung mit ›harter Hand‹. Es werden dabei die nationalistischen Gedanken und Urteile, die die Basis auch für die diffusen nationalistischen Gefühle abgeben – etwa wenn sich beim Hören der Nationalhymne Gänsehaut einstellt –, in ihrer charakteristischen Logik skizziert und kritisiert.

Grundelement 1: **Abstrakte Identität und parteiliche Weltanschauung**

»Mit wem hat der deutsche Automobilarbeiter Fritz Karosse aus Wolfsburg wohl mehr Gemeinsamkeiten?

Mit dem türkischen Bandarbeiter Ali Mufti oder mit dem deutschen Manager und Politikberater Hartz?

Mit dem Schlosser Iwan Petrov aus den Dimitroffwerken in Sofia oder mit dem deutschen Außenminister Gabriel?

Mit dem brasilianischen VW-Arbeiter Alberto Garcia oder mit dem deutschen Botschafter in Rio de Janeiro?«

Leicht aktualisiert aus: Huisken 1984: 115

Fragen:
Welche Antwort legt der Text nahe? Was würde ein rechtsradikaler Nationalist antworten und warum? Was wird daran über das Wesen des Nationalismus deutlich?

Unser Joseph Ratzinger ist Benedikt XVI.

WIR SIND PAPST!

Mittwoch, 91/16
0. April 2005, 0,40 €

Bild

UNABHÄNGIG · ÜBERPARTEILICH

HALLE

www.bild.de Leser-Telefon 0345/211

SUPER-BINGO, 9. Spiel

WILLKOMMEN BENEDIKT XVI.
Joseph Kardinal Ratzinger betritt als neuer Papst den Balkon des Petersdoms, winkt strahlend den Gläubigen

»Keiner sagt es so treffend wie BILD.« (Eigenwerbung von BILD) (20.4.2005)

Fragen:

Bei der Wahl von Joseph Ratzinger zum Papst im April 2005 konnten sich »die Deutschen« fragen: *Wer* ist Papst? Können »wir« jetzt allen ihre Sünden vergeben, müssen »wir« jetzt alle im Zölibat leben, sind »wir« jetzt alle unfehlbar? Wer ist dieses »Wir«, in dessen Namen man sich mit dem »Stellvertreter Gottes auf Erden« gleichsetzen soll? Und wovon muss man abstrahieren, um sich mit dem Papst eins zu fühlen?

Thesen zum Nationalismus: Abstrakte Identität und parteiliche Weltanschauung

1. Als Lohnarbeiter, Angestellte, Mieter, Hauseigentümer, Rentner, Schüler, Lehrer, Sozialarbeiter, Sozialhilfeempfänger, Steuerzahler, Finanzminister, Unternehmer, Politiker, Arbeitslose etc. unterscheiden sich die Menschen, haben gleich gerichtete oder unterschiedliche bis gegensätzliche Interessen. Hingegen steht ein deutscher Mieter zu seinem Vermieter, ein deutscher Arbeitsloser oder Angestellter zum deutschen Unternehmer im gleichen Verhältnis wie ein spanischer Mieter zu seinem Hausbesitzer, ein italienischer Arbeitsloser oder Angestellter zu seinem Unternehmer etc.
2. Dass sich Nationalisten mit ihrer Nation so identifizieren, dass sie von ihren gesellschaftlichen Unterschieden nicht mehr viel wissen wollen und stattdessen die Unterschiede zu den anderen Nationen für zentral halten, hat seine Grundlage zunächst einmal darin, dass sie als Staatsvolk in der Tat etwas gemeinsam haben: Sie gehören demselben Staatswesen an, werden von derselben Regierung regiert, für sie gelten dieselben Gesetze usw. Diese praktisch-formale Zugehörigkeit zur selben Nation, die sich keiner ausgesucht hat und der man auch nicht so ohne Weiteres entkommt, stiftet im Bewusstsein von Nationalisten die Vorstellung einer *realen* Identität jenseits ihrer unterschiedlichen Lebenslagen, Interessen, Einstellungen etc.: Sie soll eine Gemeinsamkeit mit anderen stiften, in der die bestehenden Unterschiede und Gegensätze abstrakt aufgehoben sind und in der die jeweilige Nationalität selbst zur entscheidenden ›Eigenschaft‹ wird: ›Ich *bin* Deutscher!‹ Nationalisten vollziehen also den von ihren unterschiedlichen Lebenslagen, Interessen etc. abstrahierenden nationalen Zusammenhang nach und machen ihn sich als ihre wahre Identität zu eigen.
3. So macht der Nationalismus aus der Nation einen »Ismus«, eine Weltanschauung: Aus der Tatsache, dass jemand zufällig als Kind deutscher, italienischer, ägyptischer etc. Eltern geboren wurde, wird der zentrale Stand- und Orientierungspunkt für die Beurteilung von Menschen, von deren Interessen und Rechten, von nationalen und internationalen Ereignissen – alles wird aus der parteilichen Perspektive der nationalen Identität betrachtet und bewertet. Dann sind *»wir«* Papst geworden, dann sind *»wir«* Fußball- oder Exportweltmeister, dann steht *»uns«* ein ständiger Sitz im Weltsicherheitsrat zu usw. –

auch wenn niemand sagen könnte, was der deutsche Normalbürger in seinem realen Alltagsleben davon hat.

4. Indem der Nationalist Partei ergreift für den Erfolg seiner Nation in der internationalen Konkurrenz, teilt sich auch für ihn die Welt in Freund und Feind auf – abhängig davon, wie die anderen Nationen (unterstützend oder feindlich) zu den Interessen der eigenen Nation stehen bzw. wie die eigene zu den Anliegen der anderen steht. Mit seinem Nationalismus trifft er also auf die anderen, zu seinem Nationalismus in Konkurrenz stehenden Nationalisten, die die Welt genauso sehen wie er selbst – nur eben vom Standpunkt *ihrer* jeweiligen Nation aus.
5. Die liebevolle Identifikation mit der eigenen Nation macht parteiisch, also blind: Der Nationalist sieht das Schöne im Land als Beleg für die Berechtigung seiner Liebe, das Unschöne im Land betrachtet er als Widerspruch zu dem, was Deutschland eigentlich ist bzw. sein könnte. Der Übergang zur Suche nach Schuldigen, denen die Schattenseiten oder die Niederlagen der eigenen Nation anzulasten sind, setzt die nationalistische Logik fort: Anti-nationale Gesellen – Ausländer, die nicht hierher gehören, oder Inländer, die das Vaterland verraten – sind schuld und müssen bekämpft werden. So sind der Stolz auf die eigene Nation und die Liebe zum eigenen ›Vaterland‹ die Grundlage für Verachtung und Hass gegenüber den anderen bzw. gegenüber den Vaterlandsverrätern in den eigenen Reihen.

Grundelement 2: **Nationalstolz**

»Ich bin stolz, dass ich ein Deutscher bin.
Deutsch ist mein Fühlen, deutsch ist mein Sinn.
2000 Jahre unser Land, hielt einem Ring von Feinden stand –
weil immerdar, ein einig Volk trotzt der Gefahr!
Deutscher Erfindergeist erstellt alle Motoren in der Welt.
Raketen, Raumfahrt, Fliegerei empfingen deutsche Jugendweih.
Liebigs Genie dreifacht die Feldfrucht durch Chemie.
Kopernikus und Luther ehrt die ganze Welt, weil sie beschert,
die Freiheit und vom Erdenbau ein Bild nach Wirklichkeit genau.
Gutenbergs Druck das Wissen zu den Menschen trug.

Das neue Weltbild war erschaut,
in Deutschland und noch ausgebaut,
durch eine Dichter-, Denkerschar, wie sie die Welt noch nie gebar.
Stets stand in Gunst in Deutschland Wissenschaft und Kunst.
Soviel schuf nie ein Volk der Erd, an irdischem und ewgem Wert;
zu höhen andrer Länder Glück, zu weihn mit himmlischer Musik.
So deutscher Geist verbindend sich erweist.

Ich bin stolz, dass ich ein Deutscher bin.
Deutsch bleibt mein Fühlen, Deutsch bleibt mein Sinn.
Wenn die Regierung auch betrügt,
Rundfunk und Fernsehen weiter lügt,
ich bleibe was ich war – ein Deutscher immerdar!«

Lied von Frank Rennicke, Barde der rechten Szene

Fragen:
Wegen welcher (wirklicher oder angeblicher) Leistung finden die aufgezählten Dichter und Denker Erwähnung? Warum werden Newton, Descartes, Dostojewski, Madame Curie oder der Dalai Lama nicht erwähnt? Was haben Rechtsradikale und die erwähnten Dichter und Denker gemeinsam?

Thesen zum Stolz auf die eigene Nation

1. Wer Geistesgrößen, Landschaften oder sonstige (angebliche oder wirkliche) Vorzüge eines Landes als Begründung dafür anführt, dass man deshalb stolz auf sein Land sein könne bzw. müsse, lügt. Wenn es wirklich um die geistigen Leistungen oder die Schönheit einer Landschaft ginge, wäre nicht einzusehen, wieso vorrangig deutsche Geistesgrößen gelobt und Deutschlands Landschaften ob ihrer Schönheit besungen werden sollen. Immerhin gibt es auch in anderen Nationen Kulturleistungen und Landstriche, die lobenswert sind oder wegen ihrer Schönheit gerühmt werden könnten.
2. Die aufgezählten Kultur- und Geistesgrößen zeichnet zunächst aus, dass sie in Deutschland bzw. dessen historischen Vorläufern gelebt und gewirkt haben. Es verhält sich demnach umgekehrt wie vom stolzen Nationalisten behauptet: Nicht die Leistungen der Geistesgrößen sprechen für Deutschland, sondern dass es sich um Deutsche handelt, wird als ihre wichtigste ›Eigenschaft‹ unterstellt. Sie haben ihre gerühmten Leistungen gewissermaßen nicht als Komponisten, Philosophen oder Chemiker vollbracht, sondern in erster Linie als Deutsche – wie immer man sich das vorstellen soll! Derjenige, der sie so nicht als Vertreter ihres Faches, sondern als Deutsche würdigt, kommt deshalb auch ohne jede Ahnung von den Erkenntnissen aus, durch die Kopernikus, Liebig etc. bekannt geworden sind. Diese sollen ja lediglich als Indiz für die besondere Leistungsfähigkeit der Nation gelten, auf die der Nationalist stolz sein will – auch wenn er mit den erwähnten Größen wirklich nichts gemeinsam hat als die abstrakte Identität, irgendwie zu Deutschland zu gehören.
3. Der Standpunkt des »Deutschland, Deutschland über alles!« ist also nicht *Ergebnis* eines internationalen Leistungsvergleichs, sondern dessen *Ausgangspunkt*. Anders gesagt: Auf solche ›Begründungen‹ des Nationalstolzes verfällt nur der, der keinerlei Begründungen braucht, weil er aus seinem Deutsch-Sein längst den Schluss gezogen hat, auf Deutschland stolz sein zu wollen, weil er *Deutscher ist*. Die abstrakte nationale Identität und die parteiliche Weltanschauung wird hier zum persönlichen Gefühl: Im Stolz auf Deutschland hat der Nationalist ideellen Anteil an der (wirklichen oder eingebildeten) Größe der eigenen Nation (vgl. Schnath 2005).
4. Dabei ist offensichtlich, dass es wahrlich keine eigene Leistung darstellt, als Kind deutscher und nicht italienischer, japanischer oder

ägyptischer Eltern auf die Welt gekommen zu sein. Ebenso wenig trägt der stolze Deutsche etwas zu den Leistungen bei, die seine Nation angeblich so einzigartig macht. Und was er schließlich von der (wirklichen oder eingebildeten) Größe seiner Nation hat, reduziert sich auf das erhebende Gefühl, der ›richtigen‹ und besten aller Nationen anzugehören – was so ziemlich alle anderen Nationalisten der Welt von ihrer Nation ebenfalls behaupten.

5. Ein vernünftiger Grund für Stolz ist das alles nicht. Und wenn es im Stolz auf das jeweilige eigene Land darum geht, die Bedeutung der eigenen Person und ihr Recht auf Geltung und Anerkennung aus der persönlichen Identifikation mit ›ihrer‹ Nation zu beziehen, dann hat das einen entscheidenden Haken: Stolz ist der Nationalist dabei ausgerechnet auf eine ›Identität‹, in der all das getilgt ist, was die wirkliche Person, ihre Leistungen und Besonderheiten, ihre Bedürfnisse, Wünsche und Interessen, ihre reale Lebenssituation usw. ausmacht – Bedeutung gewinnt bzw. beansprucht im Nationalstolz also gar nicht die reale Person, wie sie geht und steht, sondern das, wofür sie nichts kann, was sie aber um so mehr für ihre entscheidende ›Leistung‹ hält: Deutscher zu sein.

SPD-Plakat, 1972

Das Plakat der SPD aus dem Bundestagswahlkampf 1972 zeigt, dass sich nicht nur Rechtsextreme Nationalstolz auf die Fahnen schreiben. Das Wahlplakat appelliert an einen Patriotismus, der beim Wahlvolk einfach unterstellt wird – damit der Wähler seinen Stolz auf Deutschland auf den Kanzlerkandidaten Willy Brandt überträgt und sein Wahlkreuz für ihn macht. Besser wird die Un-Logik des Nationalstolzes dadurch nicht …

Grundelement 3: **Nationale Scham**

So wie manche Deutsche stolz darauf sind, Teil der deutschen Nation zu sein, gibt es eine andere Gruppe, die sich dessen schämt – sei es wegen der deutschen Vergangenheit oder wegen ungebührlichen Benehmens anderer Deutscher am Strand von Mallorca oder im Fußballstadion. Man kann sich also auf begeistert-positive oder auf schamhaft-negative Weise mit seinem Land identifizieren.

»Ach nein, ich bin keiner von denen, die kreischend
das breite Gesäß in den Korbsessel donnern,
mit lautem Organ ›Bringse birra‹ verlangen
und dann damit prahlen, wie hart doch die Mark sei.

Ach ja, ich bin einer von jenen, die leidend
Verkniffenen Arschs am Prosecco-Kelch nippen,
stets in der Furcht, es könnte jemand denken:
Der da! Gehört nicht auch der da zu denen?«

Robert Gernhardt 1995: 56

Fragen:
Ist die nationale Scham das Gegenteil des Nationalstolzes – oder nur die andere Seite derselben Medaille?

Thesen zur nationalen Scham

1. Wie im Nationalstolz wird in der nationalen Scham die Nationalität zum persönlichen Gefühl – das Bild, das Deutschland gegenüber anderen Nationen und Völkern abgibt, wird zum höchstpersönlichen Anliegen. Erfolg oder Misserfolg der eigenen Nation, nicht nur auf dem Gebiet der Durchsetzung von Interessen, sondern auch auf dem der Selbstdarstellung, wird als persönlicher Sieg oder persönliche Niederlage empfunden, wird zum Anlass für Stolz oder Scham.
2. Dabei wird in der nationalen Scham – genau wie beim Nationalstolz – die formale Gemeinsamkeit, der gleichen Nation anzugehören, zum zentralen Bezugspunkt, vor dem die offensichtlichen Unterschiede verblassen bzw. ein ganz neues Gesicht bekommen. Wer sich als Deutscher für deutsche Rüpel im Ausland schämt, trifft zunächst einmal auf Personen, von denen er sich deutlich unterscheidet: Er grölt nicht, bedenkt das Personal nicht mit sexistischen oder rassistischen Sprüchen und meint auch nicht, dass in Deutschland alles besser und sauberer sei. Weil es sich bei den Grölern aber um Landsleute handelt, fühlt sich der Nationalist betroffen: Seine Distanz zu dem Benehmen seiner Landsleute wird nicht zum Anlass, von diesen abzurücken – im Gegenteil: Befangen in der abstrakten Gemeinsamkeit, aus Deutschland zu stammen, schämt er sich für seine Landsleute, die das gemeinsame Vaterland so schlecht repräsentieren.
3. Die abstrakte Gemeinsamkeit, Deutscher zu sein, stiftet also auch in der nationalen Scham eine Pseudo-Gemeinschaft, in der alle offensichtlichen Unterschiede getilgt sind und die zugleich als Auftrag an die an ihr Teilhabenden verstanden wird: Wer sich im Ausland ungebührlich aufführt, disqualifiziert sich in dieser Optik nicht selbst, sondern ›sein‹ Land! Wenn auf diese Weise das nationale Ansehen der Maßstab der Beurteilung ist (für eine Kritik an rüpelhaftem Verhalten als solchem wäre es völlig unerheblich, welcher Nationalität der Rüpel angehört), dann ist der eigentlich Betroffene des rüpelhaften Verhaltens nicht die genervte Umgebung des deutschen Krawallmachers, sondern Deutschland und dessen Ansehen sowie der sich darum sorgende und deshalb beschämte Landsmann. Somit stellt die Scham nur die andere Seite der nationalistischen Medaille dar: Man kann sich mit seiner Nation eben stolz oder schamhaft gleichsetzen.

Grundelement 4: **Liebe zum Vaterland**

»Mein Land
Es ist unser Land was wir dort sehen
Es ist unser Land welches langsam untergeht
Wollt ihr denn, dass es so weitergeht
Und bald Deutschland nur noch im Buche steht
Lasst Euch den Stolz nicht nehmen
Ehre für Deutschland, Ehre fürs Vaterland
Ihr müsst alles geben für das Heimatland

Refrain:
Dieses Land, dieses Land
Ist mein Land, mein Vaterland
Und so wird es auch immer bleiben
Dieses Land, dieses Land
Ist mein Land, mein Heimatland
Und so wird es auch immer bleiben«

Lied der Gruppe »Schwarzer Orden«

Fragen:
Welche Eigenschaften Deutschlands werden in diesem Lied als Gründe dafür angegeben, dass es von Rechtsradikalen geliebt wird? Welche Verpflichtungen ergeben sich für den Sänger aus dieser Liebe?

Jedesmal reg ich mich auf
Schau ich auf die Landkarte drauf
Die BRD ist viel zu klein
Mein Vaterland muss größer sein

Refrain:
Olé, Olé Olé Olé, Deutsches Reich statt BRD
Olé, Olé Olé Olé, Deutsches Reich statt BRD

Brot für die Welt, ihr könnt mich mal
Ob andere hungern ist mir egal
Was interessiert mich Indonesien
Solang der Pole haust in Schlesien

Refrain:
Olé, Olé Olé Olé, Deutsches Reich statt BRD
Olé, Olé Olé Olé, Deutsches Reich statt BRD

Lied der Gruppe »Landser« (Ausschnitt)

Fragen:
Welches Deutschland liebt der Sänger dieses Liedes und warum? Welchen Nutzen hat er persönlich von einer Vergrößerung seines Vaterlandes?

»Loyal ist, wer bereit ist, für das Land, in dem er lebt, in den Krieg zu gehen und sich erschießen zu lassen.«

Götz Kubitschek, rechtsgerichteter Publizist und Redner bei Pegida-Demonstrationen; zit. n. faz.de, 16.4.2016

Fragen:
Keine

Thesen zu Vaterlandsliebe, Chauvinismus und Opferbereitschaft

1. Mit der Liebe zum ›eigenen‹ Land, die von der Gruppe »Schwarzer Orden« besungen wird, wird ein Abwägen von Argumenten, ein orientierendes und eigene Vor- und Nachteile kalkulierendes Verhältnis zu diesem Land ausgeschlossen. Die Liebe zum eigenen Land soll so bedingungslos sein, dass alle Opfer gerechtfertigt sind: »Ihr müsst alles geben für das Heimatland!« Diese Art von Vaterlandsliebe stellt einen Gegensatz zum abwägenden Verstand dar – und ist wohl auch so gemeint: Sie hat bedingungslos und kritiklos zu sein. Die bedingungslose Liebe der Rechten zum eigenen Land macht konsequenterweise auch vor dem nationalsozialistischen Deutschland nicht halt – gleichgültig, wie die Lebensbedingungen beschaffen sind, es bleibt doch immer »mein Heimatland«, und man kann gar nicht anders als es zu lieben! Der einzige gute Grund für die Vaterlandsliebe soll eben die schicksalhafte, unauflösliche Verbundenheit mit dem eigenen Land sein – und nicht diese oder jene Vorzüge.
2. Wenn Rechtsradikale solche Heimat- und Vaterlandsliebe propagieren, dann unterstellen sie diese als Bedürfnis und selbstverständliche Haltung, die in jedem Menschen ganz natürlich vorhanden und tief verwurzelt sei. Zugleich beklagen dieselben Stimmen immer wieder deren mangelhafte Ausprägung (sowohl im ›verführten‹ Volk als auch bei ›vaterlandslosen‹ Politikern) und fordern sie als notwendige Haltung ein. Die Propagandisten der Vaterlandsliebe glauben also selbst nicht recht daran, verlassen sich jedenfalls nicht darauf, dass die erwünschte Vaterlandsliebe und Opferbereitschaft im Menschen natürlicherweise so fest verankert ist, wie sie behaupten.
3. Die rechtsradikale Vaterlandsliebe unterscheidet sich in einem zentralen Punkt vom Patriotismus der bundesdeutschen Demokratie und deren Distanzierung vom Deutschland der Nazi-Herrschaft. Die bedingungslose Liebe der Rechten zum eigenen Land macht auch vor dem nationalsozialistischen Deutschland nicht halt. Sie sehen sich darin als die einzig konsequenten, ihr Land ohne Ausnahme und mit ganz viel Gefühl und Herz liebenden Patrioten! Die zum demokratischen Grundkonsens gehörende Distanzierung deutscher Politiker von den Verbrechen des Nationalsozialismus gilt den rechtsradikalen Nationalisten als Verrat am Vaterland, die demokratische Außenpolitik als Ausverkauf nationaler Interessen an das Ausland, als Feigheit und Leisetreterei gegenüber anderen Nationen, damit als Verbrechen

an Deutschland, an seinem Volk und an dessen selbstloser Liebe zum Vaterland. Diese Liebe ist zugleich die Grundlage für ihren gewalttätigen Hass und Chauvinismus: Für das Objekt ihrer Liebe sehen sie sich zum Kampf gegen dessen Feinde – genauer: wen die Rechtsextremen dafür halten! – aufgerufen.

4. Die Vaterlandsliebe von Rechtsradikalen bezieht sich also nicht nur und gar nicht unbedingt in erster Linie auf das reale heutige deutsche Vaterland, sondern auf ein in ihrem Sinn ideales, stärkeres und größeres, für das sie erst kämpfen: »Deutsches Reich statt BRD!« Dass es ihnen selbst in einem größeren Vaterland besser ginge, dass sie also etwas davon hätten, behaupten sie erst gar nicht: In diesem Sinne ist ihr Chauvinismus und ihre Vaterlandsliebe selbstlos – was sie nicht aushalten, hat nichts mit ihrer Lebenssituation, sondern mit der Unerträglichkeit eines zu kleinen Vaterlands zu tun. Aus lauter Liebe zum Vaterland machen sie sich für die Größe und Macht ihres Liebesobjektes stark – ohne Rücksicht auf andere Nationen, die dieser Vergrößerung des Vaterlands entgegenstehen (»Polen« in »Schlesien«), auch ohne Rücksicht darauf, was ein solches Kampf- und Kriegsprogramm für sie und ihr Leben bedeuten würde. Pegida-Redner Kubitschek spricht diese selbst-mörderische Konsequenz der radikalen Liebe zum Vaterland lapidar aus: Wahrhaft »loyal« zum eigenen Land ist der, dem die Größe seines Landes wichtiger ist als sein eigenes Leben.
5. Angesichts der geforderten bedingungslosen Liebe zum eigenen Land und der Bereitschaft, »alles« für es zu »geben«, stellt sich die Frage, inwieweit diese Liebe erwidert wird. Am Beispiel des nationalsozialistischen Deutschlands ließe sich ohne Mühe bemerken, dass die politische Führung ihr Volk nicht ›liebte‹ – auch wenn solche Floskeln zur nationalistischen Rhetorik der Führer gehört haben mögen. Das deutsche Volk kam für die Führer ausschließlich als Manövriermasse in Betracht. Es wurde geschätzt für die Bereitschaft, sich den sehr weitgehenden Ansprüchen der Politik mit Leib und Leben zur Verfügung zu stellen. Und diese Bereitschaft wurde – wo nicht vorhanden und abrufbar – erzwungen, gewaltsam hergestellt und ausgenutzt, sehr zum Schaden der so Benutzten. Wer noch rückblickend solch ein Benutzungsverhältnis durch die politische Führung als Vaterlands-Liebe in Ehren hält, der feiert und propagiert die fatale Opferbereitschaft der Deutschen als Ausdruck der angeblich natürlichsten und edelsten Regungen, deren ein Volk fähig sein soll.

Kalles wurzelloser Standpunkt

»*Ziffel:* Es ist mir immer merkwürdig vorgekommen, daß man gerade das Land besonders lieben soll, wo man die Steuern zahlt. Die Grundlage der Vaterlandsliebe ist die Genügsamkeit, eine sehr gute Eigenschaft, wenn nichts da ist.

Kalle: Die Vaterlandsliebe wird schon dadurch beeinträchtigt, daß man überhaupt keine richtige Auswahl hat. Das ist so, als wenn man die lieben soll, die man heiratet, und nicht die heiratet, die man liebt. Warum, ich möchte zuerst eine Auswahl haben. Sagen wir, man zeigt ein Stückel Frankreich und einen Fetzen gutes England und ein, zwei Schweizer Berge und was Norwegisches am Meer und dann deut ich drauf und sag: das nehm ich als Vaterland; dann würd ich's auch schätzen. Aber jetzt ists, wie wenn einer nichts so sehr schätzt wie den Fensterstock, aus dem er einmal heruntergefallen ist.

Ziffel: Das ist ein zynischer, wurzelloser Standpunkt, der gefällt mir.«

Brecht, Flüchtlingsgespräche (1975: 1452)

Fragen:

Wieso stellt Kalles Behandlung des Themas Vaterlandsliebe einen »zynischen und wurzellosen Standpunkt« dar? Was wird daran über das Wesen der Vaterlandsliebe deutlich?

Thesen zu Vaterlandsliebe und nationaler Befangenheit

1. Vaterlandsliebe und Nationalstolz heben die Tatsache, dass man zufällig in einem Land geboren wurde und jetzt in ihm lebt, auf die Ebene einer persönlichen Entscheidung und eines damit einhergehenden Gefühls: Liebe, Stolz. Dabei passen diese Gefühle und das Objekt, auf das sie sich richten, denkbar schlecht zusammen. Dies wird deutlich, wenn Kalle Wahlmöglichkeiten einfordert, die z.B. für die Liebe zu einer Person selbstverständlich sind. Im Falle der Nation gibt es solch eine Wahlfreiheit nicht: Hier wird alternativlos das Land geliebt, in das es einen ohne eigenes Zutun verschlagen hat – kein besonders gutes Argument für Liebe.
2. Gerade der von Rechtsextremen geforderte Nationalismus duldet keinen Plural im Sinne von: Ich liebe Deutschland, aber auch Frankreich und England. Man soll im Gegenteil mit Haut und Haaren allein und ausschließlich das eigene Land lieben. Warum? Weil es das eigene ist! Für die eigene Nation zu sein, bedeutet also keineswegs, dass man etwas Bestimmtes an ihr gut findet. Das gäbe es sicher auch anderswo. Und andererseits gibt es sicherlich im eigenen Lande zwar manches, das man gut, aber auch manch anderes, das man nicht so gut finden mag. Das eigene Land hat letztlich nur ein ›Argument‹ für sich: Es ist *mein* Land, und darum *muss* ich es lieben.
3. Vaterlandsliebe und Nationalstolz leben also von einer großen Bereitschaft zur Abstraktion: Was es in diesem Land an Gutem oder Schlechtem, Nützlichem oder Schädlichem gibt, wird nicht beurteilt und darf auch keine Rolle spielen bei der Haltung, die man zu diesem Land einnimmt. Nationalismus ist eben nicht – und soll und darf auch nicht sein – das Ergebnis einer durchgeführten Leistungsbilanz hinsichtlich der Frage, wie gut es mir persönlich in diesem Land geht im Unterschied zu einem Leben in England, Norwegen etc. Solch eine von persönlichen Ansprüchen an das eigene Leben getragene Haltung zur Nation würde und wird als mit der Liebe zum Vaterland unvereinbarer Egoismus, als antinationales Anspruchsdenken zurückgewiesen.
4. Keiner hat sich sein Vaterland ausgesucht, und im Unterschied zu anderen Liebesobjekten *darf* man sich das Objekt seiner Vaterlandsliebe auch nicht aussuchen wollen. Solch eine Stellung zu ›seinem‹ Land, also ein Prüfen und Aussuchen, Ablehnen und Wählen von Alternativen würden sich die radikalen Verfechter von Vaterlands-

liebe verbitten – womöglich überdenkt da jemand noch einmal sein Verhältnis zum eigenen Land! Diese Freiheit in der Beurteilung der eigenen Nation wäre mit der Bedingungslosigkeit, der materiellen wie intellektuellen Genügsamkeit, die eine wesentliche Grundlage der Vaterlandsliebe darstellt, nicht zu vereinbaren, sie wäre vielmehr zynisch und wurzellos.

5. Über die Vaterlandsliebe wird damit so viel klar: Sie steht im Widerspruch zu einer freien Beurteilung und Wahl des Liebesobjektes. Sie fordert und überhöht die Befangenheit in den nationalen Zusammenhang, in den jeder Mensch (meist) ohne sein Zutun hineingeboren wird. Jegliches eigene Interesse und jeglicher Anspruch an dieses Liebesobjekt verbietet sich, weil es im Widerspruch zur Bedingungslosigkeit steht, die für Vaterlandsliebe notwendig ist. Der einzige Vorteil: Wer sich zu dieser blinden und bedingungslosen Liebe bekennt, kann eigentlich niemals enttäuscht werden – wie auch immer sein Land ihm mitspielt, es bleibt doch immer sein Land, das man angeblich gar nicht anders als lieb haben kann.

Grundelement 5: »Soziale Frage« und Volksgemeinschaft

AfD- und Pegida-Führer zu Altersarmut und Flüchtlingen

»Wir geben viel Geld anderen und haben kein Geld für unsere eigenen Renten, für unsere eigenen Kinder, für genügend Kindergartenplätze, das alles kann nicht bezahlt werden, (...) aber Flüchtlinge dürfen es sein so viel wie möglich.«

AfD-Vize Gauland, Rede in Elsterwerda, 5.6.2016

»Altersarmut, das ist was deutsche Arbeitnehmer erwartet. Anstatt das Rentensystem zu überarbeiten, werden hunderte Milliarden für illegale Einwanderer, Asylbetrüger, Deserteure und Kriminelle aus der ganzen Welt ausgegeben.«

PEGIDA-Gründer Lutz Bachmann, auf seiner Facebook-Seite

Fragen:

Was wird mit dem »aber« und »anstatt« über den Grund von Altersarmut und Kita-Mangel behauptet? Wären die Renten erhöht und zusätzliche Kitas gebaut worden, wenn keine Flüchtlinge in Deutschland aufgenommen worden wären? Was versprechen Rechte ihren Anhängern oder Wählern – höhere Renten, mehr KITA-Plätze etc.?

Wahlwerbeplakate von NPD und AfD (2013)

Fragen:
Welche »Wahrheit« wird hier ›mutig‹ verkündet? Wer hat behauptet, dass »wir« allen Bedürftigen »der Welt« Sozialhilfe zahlen sollten? Für welche Unterscheidung von Hilfsbedürftigkeit wird hier agitiert?

Thesen zur ›sozialen Frage‹ in nationalistischer Perspektive

1. Rechte Politiker kennen soziale Notlagen im Land, greifen sie in ihrer nationalistischen Propaganda auf und erklären sie zum Skandal. Allerdings stellt sich in ihrer Perspektive die ›soziale Frage‹ in sehr verwandelter Weise dar: Der eigentliche Skandal an Alters- und Kinderarmut sowie an allen möglichen anderen, von ihnen als solche dingfest gemachten ›sozialen Problemen‹ besteht für sie nicht einfach darin, dass Menschen in Not sind und damit zu kämpfen haben, in ihrem Leben klarzukommen. Vielmehr entdecken sie auch und gerade an der ›sozialen Frage‹ die für sie und ihren nationalistischen Standpunkt entscheidende Unterscheidung von In- und Ausländern, Angehörigen der »Volksgemeinschaft« und Flüchtlingen, Fremden, Nicht-Dazugehörenden. ›Soziale‹ Not wird nur bei den Deutschen entdeckt – gilt also bestenfalls als Indiz für das eigentliche ›Problem‹: die Anwesenheit von Ausländern im Land.
2. Die Art, wie die ›soziale Frage‹ von den Rechten aufgegriffen wird, ist also verräterisch: Die zitierten sozialen Nöte werden gar nicht für sich thematisiert und gefragt, wie es kommt, dass in einem der reichsten Länder der Erde Altersarmut herrscht, es nicht genügend Kindergärten gibt usw. Vielmehr wird die ›soziale Frage‹ dadurch definiert, dass sie mit dem Thema »Flüchtlinge«, »Einwanderer« etc. zusammengeschlossen wird: Dass für deutsche Rentner und Kinder zu wenig Geld da ist, entdeckt der Nationalist nur, um es für unerträglich zu erklären, dass für Ausländer Geld ausgegeben wird – obwohl die doch gar keine Deutschen sind. Dass »wir« »kein Geld« für arme Volksgenossen haben, soll den Flüchtlingen bzw. der Regierung angelastet werden: Die gibt das Geld an Ausländer weg – das ist der eigentliche Skandal von Rentner- und Kinderarmut.
3. Natürlich ist es nicht so, dass die Renten deshalb für viele nicht zum Leben reichen, weil es auch noch arme Flüchtlinge gibt, oder dass die Rentner mehr Geld bekämen, wenn es keine Flüchtlinge gäbe: Das Rentensystem funktioniert nach seiner eigenen Logik. Die besteht darin, dass vom Lohn der Beschäftigten – im Prinzip anteilig von Arbeitnehmern und Unternehmern zu zahlen – Rentenbeiträge einbehalten werden, die an die Rentenempfänger ausbezahlt werden. Weil die damit staatlicherseits etablierte Beitragspflicht den Zahlern, Arbeitnehmern und ›der Wirtschaft‹ nicht zu hohe Kosten aufbürden soll, ist die zu verteilende Summe prinzipiell beschränkt. Die Folge

ist, dass diejenigen, die entweder nicht ausreichend viele Jahre einen sozialversicherungspflichtigen Arbeitsplatz hatten oder wenig verdient haben oder beides, und entsprechend geringe ›Rentenansprüche‹ erworben haben, eine so geringe Rente beziehen, dass sie davon nicht leben können und entweder von Familienmitgliedern oder vom Sozialamt unterstützt werden müssen.

4. All das ist den Herren Gauland und Höcke sicher nicht unbekannt. Aber sie interessiert an den sozialen Notlagen in diesem Land eben nicht deren wirklicher Grund. Ihre nationalistische Optik zeigt ihnen, dass es im eigenen Volk an Geld fehlt *und* dass gleichzeitig Geld für Fremde ausgegeben wird – damit ist ihnen alles klar: Für die deutschen Rentner ist zu wenig Geld da, *weil* es für die Ausländer ausgegeben wird. Die Krokodilstränen, die sie über die Armut in Deutschland vergießen, gelten also gar nicht der Armut als solcher, sondern dem für einen Nationalisten schwer erträglichen Umstand, dass ›Volksfremde‹ überhaupt etwas bekommen: Von diesem Standpunkt der Unterscheidung von bedürftigen Menschen in Einheimische und Ausländeraus kommen ihnen die sozialen Nöte von Rentnern und Kindern überhaupt nur in den Blick – als Material für ihre Propaganda, der Skandal daran sei, dass *nicht-deutsche* Bedürftige sozial unterstützt werden. Wenn diese ihrem Schicksal überlassen werden, ist für den Nationalisten die ›soziale Frage‹ gelöst – was deutsche Rentner und Kinder davon hätten, darf man da besser nicht fragen.
5. Wenn verkündet wird, dass »wir nicht das Sozialamt der Welt« sind, dann handelt es sich nicht um eine »Wahrheit«, sondern um einen billigen Trick mithilfe zweier Verwandlungen: Erstens wird »das Sozialamt« mit der nationalistischen Vorstellung des »Wir« gleichgesetzt, also gewissermaßen ›nationalisiert‹ – ›wir alle‹ sollen uns zuständig fühlen für die Auszahlung oder Verweigerung von Sozialhilfe. Zweitens wird mit dem Verweis auf die Unmöglichkeit, allen Bedürftigen der Welt Sozialhilfe auszuzahlen – was kein Mensch je verlangt hat –, Stimmung dagegen gemacht, dass der winzige Teil »der Welt«, den es nach Deutschland verschlagen hat, bei Bedürftigkeit vom deutschen Sozialamt Unterstützung bekommt. Es wird also eine hypothetische Überforderung von ›uns‹ als ›Sozialamt‹ ausgemalt, um gegen jegliche Hilfe für Nicht-Deutsche zu ›argumentieren‹. »Mut« ist für diese nationalistische Propaganda nicht nötig – es genügt der feste Entschluss, Hilfsbedürftige mit deutschem Pass gegen Hilfsbedürftige mit fremdem Pass aufzuhetzen.

Die »soziale Frage der Gegenwart« im Lichte der »Volksgemeinschaft«

»Die Soziale Frage der Gegenwart ist nicht primär die Verteilung des Volksvermögens von oben nach unten, unten nach oben, jung nach alt oder alt nach jung. Die neue deutsche Soziale Frage des 21. Jahrhunderts ist die Frage nach der Verteilung des Volksvermögens von innen nach außen.«

Björn Höcke, AfD-Vorsitzender in Thüringen, auf Facebook

»Die AfD Sachsen-Anhalt spricht eine klare, unideologische Sprache und verwehrt sich gegen das ideologische Überzeichnen und einseitige Zuordnen sprachlicher Begriffe, die in ihrem Ursprung und ihrer grundsätzlichen Bedeutung ein positiver Ausdruck und Bestandteil der deutschen Sprache sind. ›Volksgemeinschaft‹ ist ein solcher Begriff. Die enthaltenen Worte Volk und Gemeinschaft sind in keiner Weise negativ zu sehen, so wie der Begriff Volksgemeinschaft insgesamt.«

André Poggenburg, AfD-Vorsitzender in Sachsen-Anhalt, auf Facebook

Fragen:

Was an der ›sozialen Frage‹ ist für Herrn Höcke »primär« und warum? Wenn die Gesellschaft in »oben und unten« gespalten ist und es sogar einen Gegensatz zwischen »jung und alt« geben soll – was meint Herr Poggenburg dann mit »Volksgemeinschaft«? Wem soll das angebliche »Volksvermögen« gehören? Welches Bild vom »Volk« wird hier gemalt?

Thesen zur Lüge von der »Volksgemeinschaft«

1. Nach dem Motto ›Man wird doch wohl mal sagen dürfen ...‹ propagiert Herr Poggenburg wie selbstverständlich eine Lüge – die Lüge nämlich, bei der deutschen Bevölkerung handele es sich um so etwas wie eine »Volksgemeinschaft«. Wenn Rechte nationalistisch empört auf soziale Notfälle zeigen, wenn sie wie Herr Höcke von ›oben‹ und ›unten‹ sprechen, dann wissen sie, dass es unter den Deutschen Arme und Reiche, dass es Interessengegensätze gibt – hier zwar etwas abseitig an den Gegensätzen von ›alt‹ und ›jung‹ illustriert; aber in dieser Gesellschaft ist es ja tatsächlich so: Alte und Junge sind in einem Rentensystem zusammengespannt, sodass es einen Interessengegensatz zwischen den jüngeren Beitragszahlern gibt, die möglichst viel von ihrem ›Brutto‹ behalten wollen, und den älteren Leistungsempfängern, die nicht in Altersarmut abstürzen wollen. Von einer »Gemeinschaft«, deren Mitglieder sich einig sind, die gleichen Interessen verfolgen, ihre Angelegenheiten gemeinsam regeln etc., kann also keine Rede sein.
2. Deshalb gibt es auch so etwas wie ein »Volksvermögen« gar nicht: ›Vermögen‹ ist in dieser kapitalistischen Gesellschaft der Gegenstand einer Konkurrenz zwischen den Gesellschaftsmitgliedern und stellt sich im Ergebnis als lauter einzelne Privatvermögen dar, die auch noch ziemlich ungleich in den verschiedenen Klassen und Schichten verteilt sind. Es gibt kein gemeinsames ›Vermögen‹ und auch kein kollektives Subjekt, dem dieses Vermögen gehören würde. Im Blick auf das Ausland tut Herr Höcke aber so, als ob es diesen einheitlichen Besitzer eines gemeinsamen Vermögens gäbe: das Volk, dem etwas weggenommen wird.
3. Die rechten Propagandisten einer ›Volksgemeinschaft‹ reden also von gesellschaftlichen Verhältnissen, in denen soziale Gegensätze existieren – Arme und Reiche, Alte und Junge usw. Diese Gegensätze, die objektiv eine Widerlegung der Vorstellung vom ›Volk‹ als einheitlicher, die gleichen Interessen verfolgenden »Gemeinschaft« darstellen, sollen in der nationalistischen Optik aber zweitrangig, »nicht primär«, vergleichsweise unwichtig sein – und zwar im Vergleich zu den Gegensätzen, die angeblich ›wir alle‹ im Verhältnis »nach außen« haben. Im Verhältnis zum Ausland sollen es die Volksgenossen als irrelevant erachten, dass es unter ihnen lauter soziale Gegensätze gibt – da sollen sie sich wie ein solidarischer, einheitli-

cher Volkskörper vorkommen, der sie nicht sind, der aber gegen den feindlichen Rest der Welt zusammenstehen soll.

4. Die ›soziale Frage‹ erfährt da eine interessante Verwandlung: Nicht wie es den sozial Benachteiligten geht, ist da wichtig. Vielmehr werden, in ihrer ›Eigenschaft‹ als Teil der deutschen »Volksgemeinschaft«, auch die Armen im Land angesprochen – und zwar als Besitzer eines fiktiven »Volksvermögens«, denen etwas weggenommen wird, wenn und weil ›ihr‹ Vermögen ins Ausland oder an Ausländer fließt, »von innen nach außen verteilt« wird. Das ist nicht nur verlogen, sondern auch perfide: Die nationalistischen Freunde der ›sozialen Frage‹ beziehen sich auf die Habenichtse im Land, auf die Opfer und Verlierer der Konkurrenzgesellschaft – und beklagen deren angebliche Enteignung ausgerechnet durch das Ausland und die Ausländer.

Demonstrationsparole in Schneeberg 2016 (Quelle: vice.com)

Fragen:
Mit welchem Argument tragen die Demonstranten von Schneeberg ihre Unzufriedenheit auf die Straße? Welches »Recht« leiten sie daraus ab? Auf welche Art von Ansprüchen gegenüber dem Staat lassen diese Parolen schließen? Und was ist daran ›rechts‹?

Thesen zur Parole »Wir sind das Volk!«

1. Wenn unzufriedene Bürger mit der Parole »Wir sind das Volk!« auf die Straße gehen, von »unserer Heimat« und »unserem Recht« sprechen, dann wollen sie ihren Staat an seine Pflicht gegenüber dem Volk erinnern und ihn darin kritisieren, dass er dieser Pflicht zuwider gehandelt habe, wo er doch letztlich auf dem Volk beruht und dessen Interessen zu verfolgen habe. Damit stellen sie, wie rechte Politiker um Gauland und Höcke mit ihrer Lüge von der »Volksgemeinschaft«, das Verhältnis von Volk und Staat komplett auf den Kopf. Sie tun so, als ob der Staat als Dienstleister am Volk in die Welt gekommen wäre, von einer vor-staatlichen »Volksgemeinschaft« beauftragt, sich vor allem um den Schutz nach außen zu kümmern – eine Pflicht, deren angebliche Verletzung durch die Regierung der Anlass für den nationalen Protest ist.
2. In Wahrheit verhält es sich genau umgekehrt: Die angebliche Gemeinschaft existiert als eine Konkurrenzgesellschaft, die es nur gibt, weil sie so von einer Staatsmacht eingerichtet wurde – mit der garantierten Freiheit von Eigentum und Person, mit der Schaffung und Betreuung eines nationalen Geldes als dem Dreh- und Angelpunkt der Konkurrenzbemühungen seines Volkes etc. So schafft der Staat das Volk: Es ist mitsamt seinen Lebensbedingungen dessen Produkt und sonst gar nichts.
3. Darüber hinaus nötigt er per Recht und Gesetz den Gesellschaftsmitgliedern, die ihren ›Lebenskampf‹ in Konkurrenz gegen ihresgleichen bestreiten müssen, zugleich das Mindestmaß an Rücksicht aufeinander auf, das für den Erhalt dieser Gesellschaft nötig ist; und auch zu dem Moment von gemeinsamer Daseinsvorsorge – für Krankheit, Alter, Arbeitslosigkeit etc. –, die es in dieser Gesellschaft tatsächlich gibt, zwingt der Staat die Bürger auf dem Wege der Steuer und der Sozialkassen. Wenn sich also Demonstranten auf ihren Status als »Volk!« berufen, bringen sie sich als abhängige Variable des Staates zur Geltung – die Wahrheit der angeblichen »Volksgemeinschaft« besteht in nichts anderem, als dass sie alle den Gesetzen des gleichen Staates zu gehorchen haben.
4. Demonstranten, die auf diese Weise fordernd an den Staat herantreten, pochen dabei auf nichts als ihre abstrakte ›Eigenschaft‹, Bürger ›ihres‹ Staates zu sein. Die sozialen Unterschiede und Gegensätze in der Gesellschaft sind da ausgelöscht – was zählen soll, ist einzig

und allein der Anspruch, den man ›als Deutscher‹ hat. Alle anderen Interessen und Rechtstitel – z.B. ›Wir sind die Arbeiter und schaffen den ganzen Reichtum!‹ – sind aufgegeben, wenn Menschen auf ihre Volkszugehörigkeit als den alles entscheidenden Rechtstitel pochen, mit dem sie Rücksicht auf sich und ihre Interessen einklagen können. Der einzige Unterschied und Gegensatz, der dann noch übrig bleibt, die einzigen Interessen, die so geltend gemacht werden können, sind die eines Volkes gegen die ›Anderen‹: gegen das Ausland und die Ausländer.

5. So löst sich nach dieser nationalistischen Logik die ›soziale Frage‹ in die Forderung auf, Ausländer auszugrenzen bzw. zumindest sichtbar schlechter zu behandeln als Einheimische. Einzig daran entscheidet sich das eingebildete und eingeforderte Recht des deutschen Volkes auf Berücksichtigung seiner Interessen – denen wird dann allerdings auch nur insofern recht gegeben, als Ausländer (noch) schlechter behandelt werden als Einheimische. Die negative Ausgrenzung der ›Anderen‹, ›Nicht-Dazugehörenden‹ ist die einzig sichtbare positive Beglaubigung der Lüge von der »Volksgemeinschaft« und ihrem »Recht« darauf, dass der Staat ihr zu dienen hat.

➡ Grundelement 6: Die Sehnsucht nach harter Führung

13,8% der Befragten in Ostdeutschland und 4,8% derer in Westdeutschland stimmten der Aussage zu, dass unter bestimmten Umständen eine Diktatur die bessere Staatsform wäre. Dies ist ein bemerkenswerter Unterschied, der sich in den beiden folgenden Fragen weit abgeschwächter zeigt. 12,8% im Osten und 10% im Westen wünschen sich einen Führer, der zum Wohle aller durchregiert; 25,5% (Ost) und 21% (West) wollen eine einzige starke Partei, welche die »Volksgemeinschaft« insgesamt verkörpert. Jeder dritte Befragte findet, dass die Deutschen »endlich wieder Mut zu einem starken Nationalgefühl haben« sollten. Damit wird das Bedürfnis nach Identifikation mit der Nation ausgedrückt und das Fehlen einer solchen Identifikation postuliert. Etwas mehr als jeder Vierte denkt, deutsche Interessen sollten gegenüber dem Ausland hart und energisch durchgesetzt werden.

Ergebnisse der »Mitte-Studie« der Universität Leipzig: »Die enthemmte Mitte« von Oliver Decker, 2016

Fragen:
Wieso gehört zur idealisierenden Vorstellung einer »Volksgemeinschaft« die diktatorische Härte eines »Führers«? Gegen wen soll die zur Geltung gebracht werden? Und was haben deutsche Normalbürger davon, dass »deutsche Interessen« gegenüber dem Ausland »hart und energisch durchgesetzt« werden?

Thesen zu Führersehnsucht und »deutschen Interessen«

1. Wenn über ein Viertel der Deutschen für »ein hartes und energisches Durchsetzen deutscher Interessen gegenüber dem Ausland« eintreten, dann halten sie die Interessen ihrer Nation erstens für gegen die Interessen anderer Nationen gerichtet – sonst bräuchte man sie ja nicht gegen die anderen durchzusetzen. Zweitens halten sie die Interessen ihrer Nation für berechtigt – weshalb sie durchaus »hart und energisch«, d.h. ohne Rücksicht auf die Interessen des »Auslands«, durchgesetzt werden sollen. Drittens setzen sie ihre persönlichen Interessen mit den »deutschen Interessen« gleich – sonst hätten sie ja gar nichts von deren rücksichtsloser Durchsetzung. Ob diese deutschen Scharfmacher schon einmal darüber nachgedacht haben, ob diese (wirklichen oder vermeintlichen) »deutschen Interessen« wirklich immer auch die ihren sind, ob also die Gleichsetzung von ›Deutschland vor!‹ und der Vorstellung, das käme dann auch den deutschen Normalbürgern zugute, eigentlich stimmt? Und das geforderte kompromisslose Austragen von Gegensätzen zwischen Deutschland und dem »Ausland« (man kann hier an Krieg sowie an alle möglichen Vorformen denken) – ist das etwa im Interesse des Normalbürgers?
2. Wenn sich fast ein Viertel der Deutschen eine Partei wünschen, »die die Volksgemeinschaft verkörpert«, und zwischen 10 und 16% einen »Führer, der Deutschland zum Wohle aller durchregiert«, dann vermissen sie erstens Einigkeit in Volk und Staat. Der Widerstreit von Interessengruppen und Parteien ist ihnen ein Dorn im Auge. Statt sich aber zu fragen, welchen Inhalt diese zum Teil gegensätzlichen Interessen innerhalb einer Nation haben, wie ihre Interessen beschaffen sind und wie gut oder wie schlecht diese ihre Interessen in Deutschland berücksichtigt werden, denken sie zweitens an einen »Führer«, der die Verfolgung einzelner, partikularer Interessen einfach verbietet. Wie sie mit ihren Interessen dann dastehen, scheint ihnen egal zu sein – sie glauben drittens einfach ganz fest daran, dass das dann »zum Wohle aller« wäre. Diese Vorstellung, dass alle Interessen zum Zug kommen, weil sie sich alle der »Volksgemeinschaft« unterwerfen müssen, also erst einmal gar nichts gelten, vielmehr vom »Führer« in die Schranken gewiesen werden, ist ein einziger Widerspruch. Dieser wird an der »Diktatur« kenntlich, die offenbar für die »Volksgemeinschaft« notwendig ist – ohne Zwang scheint

die Idylle von Harmonie und dem »Wohle aller« merkwürdigerweise nicht auszukommen.

3. Wenn jeder Dritte findet, dass in Deutschland die »Identifikation mit der Nation« unterentwickelt ist, dann haben sie Volksgenossen im Blick, die sich an der verlangten Einheit der angeblichen »Volksgemeinschaft« vergehen, indem sie sich nicht so umstandslos, wie es verlangt wird, mit ihrer Nation gleichsetzen. Damit gehören sie neben dem Ausland zu denen, die daran schuld sind, dass die Interessen Deutschlands sowie ihre eigenen Interessen als Deutsche – das fällt für alle Nationalisten zusammen – nicht genügend zum Zuge kommen. Die idyllische Vorstellung von einem Gemeinwesen, das im Inneren keine Interessengegensätze kennt bzw. deren Geltendmachung verbietet, alle Interessen beschränkt und deshalb (so der Widersinn) alle befriedigt, ist immer auf dem Sprung zu fragen, wer schuld daran ist, dass dies nur eine schöne (falsche) Vorstellung und nicht Realität ist. Vom nationalistischen Ausgangspunkt der ganzen Frage her ist die Antwort naheliegend, im »Ausland« sowie in den Vaterlands- und »Volksverrätern« im Inneren die Schuldigen und die Feinde zu wittern, gegen die »hart und energisch« vorgegangen werden muss, um die gewaltsame Unterwerfung aller Interessen unter die Lüge von der »Volksgemeinschaft« von denen zu erzwingen, die sie nicht freiwillig abliefern.

Nationalismus stellt, auch und gerade wenn er sich als Gefühl präsentiert, das Ergebnis von Gedankenschritten dar, die ihre eigene verkehrte Logik haben. Dass man in aller Regel ohne eigenes Zutun einer Nation angehört, bildet den Ausgangspunkt einer Gedankenbewegung, in deren Verlauf diesem Faktum eine Bedeutung beigemessen wird, die ihm vernünftigerweise gar nicht zukommt und die dem nationalistisch denkenden und fühlenden Menschen nicht gut bekommt. So wird die Zugehörigkeit zu einer Nation zur eigenen Identität erklärt (»Ich bin Deutscher«), eine Gemeinsamkeit aller Landsleute postuliert (das »Wir« als Grundform des Nationalismus) und dabei von den persönlichen und sozialen Unterschieden der in der Nation Zusammengefassten vollständig abgesehen. Diese abstrakte Identität kann als Stolz auf die eigene Nation oder als Liebe zum Vaterland gefühlt werden. Komplizierter gestrickte Volksgenossen schämen sich bisweilen ihrer Landsleute, weil auch sie sich ganz mit ihrer Nation identifizieren.

Der innere Widerspruch all dieser Gleichsetzungen der eigenen Person und Anliegen mit der Nation, in die es einen verschlagen hat, besteht darin, dass dieses Objekt von Stolz, Scham oder Liebe gar nicht zu den entsprechenden Gefühlen passt. Am deutlichsten wird das bei der Liebe zur Nation, was sogar einem früheren Bundespräsidenten aufgefallen ist: »Ich liebe nicht den Staat«, sagte er, »ich liebe meine Frau« (Gustav Heinemann, Bundespräsident von 1969 bis 1973; zitiert nach: Gründler 2005). Schließlich hat man sich dieses Liebesobjekt weder ausgesucht, noch soll man seine Zu- oder Abneigung davon abhängig machen, wie gut es einem – womöglich im Vergleich zu anderen Exemplaren – gefällt oder bekommt. Vielmehr ist diese Liebe alternativlos und bedingungslos, sie wird mit dem merkwürdigen Argument eingefordert, dass man gar nicht anders könne, als sein Land zu lieben.

Ist die Zufälligkeit der eigenen Nationalität erst einmal übersetzt in etwas, das einen als Person ausmacht, hat man sich also erst einmal mit ›seiner‹ Nation identifiziert, dann gibt der so gewonnene Standpunkt den Maßstab für die Betrachtung von allem und jedem ab – die Nation wird zum »Ismus«, zur Weltanschauung. Dann werden die ernsteren und auch die weniger ernsten Affären der Nation parteilich begutachtet – dann müssen »wir« Fußball- und Exportweltmeister werden, dann sind »wir« Papst und dann haben »wir« den Anspruch auf einen Sitz im Sicherheitsrat. Darüber bekommen Nationalisten in aller Welt Freunde und Feinde, je nachdem, wie diese sich zu »unseren« nationalen Interessen verhalten. Spätestens hier zeigt sich, wie weit sich die Nationalisten in der Identifizierung mit der Nation von ihren Interessen als Menschen entfernt haben. Denn wenn die Nation ihre Feindschaft zu einer anderen Nation auf die Spitze treibt, dann muss im ›Ernstfall‹ der Mensch als Angehöriger der Nation sein Leben geben. Mit der nationalistischen Brille auf der Nase erscheint auch die ›soziale Frage‹ ganz im Lichte von ›uns Deutschen‹ und ›den anderen‹. Ausländer sind dann schnell als Schuldige für soziale Nöte ausgemacht und müssen ›raus‹, mindestens sichtbar schlechter behandelt werden als Angehörige der »Volksgemeinschaft«.

Dieser Begriff stellt ein zentrales Element des nationalistischen Denkens dar: Er verwandelt die Tatsache, dass Menschen mit verschiedenen sozialen Positionen und dementsprechend verschiedenen und gegensätzlichen Interessen ein und derselben Staatsgewalt untergeordnet sind und damit zu einem ›Volk‹ zusammengespannt werden, in etwas völlig anderes – in eine »Gemeinschaft« von Volksgenossen, die sich nicht mehr durch ihre wirklichen sozialen Interessen und Gegensätze auszeichnen, sondern in der gemeinsamen »Heimat« ihre einzige Bestimmung haben. So macht sich der Nationalist sein Land zum Liebesobjekt zurecht und verlangt dasselbe von allen anderen Volksgenossen. Wer sich dieser Verwandlung nicht anschließt, wer auf seinen vitalen Interessen besteht und sich nicht dem »Vaterland« zum Opfer bringen will, wer gar die in der »Volksgemeinschaft« immer mitgedachte aggressive Ausgrenzung der ›Nicht-Dazugehörenden‹ nicht mitmacht – der beweist dem Anhänger der ›Volks-Idylle‹, dass mit Zwang und harter Hand, am besten durch einen autoritären nationalen Führer, für die Einheit und Selbstaufgabe gesorgt werden muss, die das Ideal der »Volksgemeinschaft« ausmachen. Damit beweisen sie noch einmal ungewollt, wie verkehrt ihre Behauptung ist, ›als Deutscher‹ habe man in seiner Volkszugehörigkeit seine eigentliche und wahre Identität, die einen mit allen anderen Staatsangehörigen verbindet – wenn das stimmen würde, bräuchte kein Zwang ausgeübt oder angedroht zu werden, um die angeblich ›natürliche‹ Verbundenheit aller Volksgenossen zu erzwingen. Und sie zeigen zugleich, wie gewalttätig das Ideal ist, das sie vor sich her tragen – es verlangt das Aufgehen der eigenen Person in dem, was man für die Interessen und Ansprüche des »Vaterlands« hält, für das man in letzter Konsequenz mit dem eigenen Leben einzustehen hat.

3. ›Biologische Eigenschaften‹, ›Volksnatur‹ und ›nationale Identität‹ – Argumente gegen Rassismus

Der Begriff ›Rassismus‹ erfreut sich heutzutage ziemlich großer Verbreitung. Nicht nur Neonazis werden als Rassisten kritisiert, auch die Abschiebepraxis der Regierung ist nach Auffassung mancher Kritiker ›rassistisch‹. Die CDU kritisiert den ›Rassismus der AfD‹ und Studienräte gehen auf die Suche nach dem ›alltäglichen Rassismus in uns selbst‹.

Umgekehrt legt der AfD-Politiker Gauland Wert auf die Feststellung: ›Ich bin kein Rassist‹, und jeder Pegida-Sympathisant beherrscht die Technik, sein Statement mit ›Ich bin ja kein Rassist, aber ...‹ zu beginnen. Rassismus ist offenbar etwas, das jeder als Vorwurf betrachtet, den man gerne anderen macht und den gleichzeitig niemand für sich selbst gelten lassen will. Alle scheinen überdies jeweils etwas ziemlich anderes unter Rassismus zu verstehen, sind sich aber einig, dass er sich nicht gehört – bei gleichzeitiger Unklarheit darüber, was er eigentlich genau beinhaltet. Der inflationäre Gebrauch dieses Begriffs scheint sich gerade daraus zu erklären, dass sein Inhalt vage, seine moralische Wucht aber umso eindeutiger ist: Mit ihm hat man eine moralische Keule zur Hand, von der man annehmen kann, dass sie immer *trifft*, weil die Verurteilung des »Rassismus« von allen geteilt wird. Ob der Vorwurf auch immer *zutrifft,* ist dann schon die Frage – jedenfalls solange das, was »Rassismus« genau ist, gar nicht recht klar ist und eher dazu dient, die Kritisierten und das Publikum zu erschrecken, als den Beteiligten etwas klarzumachen.

Um nicht zu diesem inflationären, wichtige Unterschiede nivellierenden Gebrauch des Begriffs »Rassismus« beizutragen, soll im Folgenden von Rassismus nur dann gesprochen werden, wenn – wie im historischen Ursprung des Wortes angelegt – *biologisch-natürliche Eigenschaften* wie Hautfarbe etc. zur Konstruktion von Menschenbildern herangezogen werden. Diese ideologische Konstruktion von höher- bzw. minderwertigen »Rassen« dient zumeist dazu, die Herrschaft der einen über die anderen, also Unterdrückung und Ausbeutung zu legitimieren, bisweilen auch die Verpflichtung zu Loyalität und Gehorsam in die angebliche ›Natur‹ eines Volkes zu verlegen.

Von diesem Missbrauch der Natur für die Konstruktion von diskriminierenden Menschenbildern, also Rassismus im eigentlichen Sinne, sind Standpunkte zu unterscheiden, die zwar der gleichen Logik einer Konstruktion von ›völkischen Eigenschaften‹ folgen, die sich dabei aber nicht auf wirkliche oder erfundene ›natürliche Eigenschaften‹ beziehen, sondern eine »nationale Identität« unter Heranziehung kultureller und anderer ›nicht-biologischer‹ Muster zu konstruieren versuchen. Diese heutzutage vor allem verbreiteten Bemühungen, nicht nur von rechtsextremer Seite, sollen also nicht als ›rassistisch‹ im engeren Sinne bezeichnet werden, ohne dass sie deshalb weniger dumm und gefährlich wären.[3]

---

[3] Damit setzt sich die vorliegende 3. Auflage von der 1. und der unveränderten 2. Auflage von »Gegen rechts argumentieren lernen« ab. Dort wurde mit der Kennzeichnung nationalistischer Standpunkte zu In- und Ausländern als »nationalistischem Rassismus« und – noch problematischer – durch die Behauptung eines am nationalen Interesse an der Benutzung von Ausländern festzumachenden »Nützlichkeitsrassismus« zur Inflationierung des Rassismusbegriffs und zur Verwässerung von wichtigen Unterschieden in der aus- bzw. eingrenzenden Behandlung von Ausländern beigetragen. Noch einmal sei betont, dass diese Revision keinesfalls bedeutet, dass die damals wie auch in dieser 3. Auflage behandelten Formen von diskriminierender Rede und Praxis weniger dumm und gefährlich, für die Objekte dieser Worte und Taten weniger brutal und menschenverachtend wären: Es gibt eben noch andere kritikable und verurteilenswerte Umgangsweisen mit ›Fremden‹ als ausschließlich die im strengen Wortsinn »rassistischen«.

a) Rassismus als Legitimation von Herrschaft und Ausbeutung

Die ›Logik‹ und der grundsätzliche Fehler des Rassismus soll zunächst anhand von zwei historischen Vertretern dieser Ideologie dargestellt werden, deren Aussagen und Standpunkte als eindeutig rassistisch allgemein anerkannt sein dürften.

Herrschaft und Knechtschaft als Ordnung der Natur

»Die Natur selbst hat den Neger zu dieser Knechtslage bestimmt. Er hat die Stärke und ist kräftig zur Arbeit; aber die Natur, die ihm diese Stärke gab, verweigerte ihm sowohl den Verstand zum Regieren, wie den Willen zur Arbeit. Beide sind ihm verweigert! Und dieselbe Natur, die ihm den Willen zur Arbeit verweigert, gab ihm einen Herren, diesen Willen zu erzwingen und ihn in dem Klima, wofür er geschaffen, zu einem nützlichen Diener zu machen, sowohl für sich selbst, wie für den Herrn, der ihn regiert.«

Advokat O'Connor, Verteidiger der Sklaverei in den USA, wiedergegeben in New York Daily Tribune v. 20.12.1859; zitiert nach: Marx, Das Kapital, Bd. 3, 1979: 39

Fragen:
Welche naturgegebenen Eigenschaften werden hier dem »Neger« zugesprochen? Was haben diese mit seiner »Lage« zu tun? Und wieso passen die angeblichen Defizite des »Negers« so wunderbar zu den Interessen seines »Herrn«?

»Der Arier ist nicht in seinen geistigen Eigenschaften an sich am größten, sondern in dem Ausmaß der Bereitwilligkeit, alle Fähigkeiten in den Dienst der Gemeinschaft zu stellen. Der Selbsterhaltungstrieb hat bei ihm die edelste Form erreicht, indem er das eigene Ich dem Leben der Gesamtheit bereitwillig unterordnet und, wenn die Stunde es erfordert, auch zum Opfer bringt. ... In der Hingabe des eigenen Lebens für die Existenz der Gemeinschaft liegt die Krönung allen Opfersinns.«

Adolf Hitler, »Mein Kampf«, 1934: 326f.

Fragen:
Welche naturgegebenen Eigenschaften werden hier dem »Arier« zugesprochen? Was haben diese mit den Ansprüchen zu tun, die an ihn gestellt werden? Und wer stellt diese Ansprüche an Opfersinn und Selbstaufgabe – die »Stunde«, die »Natur«, die »Gemeinschaft«, die »Gesamtheit« – oder wer?!

Thesen zur rassistischen Konstruktion des »Negers« und des »Ariers«

1. Es ist relativ uninteressant, ob man die unbestreitbaren Unterschiede zwischen Menschen hinsichtlich Aussehen, Hautfarbe etc. als Merkmale einer »Rasse« bezeichnet oder ob man sie für zu gering hält, um von verschiedenen Menschenrassen zu sprechen (vgl. Arbeitsgruppe SOS-Rassismus NRW 1997: 14ff.). Denn nicht die – vorderhand harmlose – Benennung der biologischen Unterschiede zwischen den Menschen und deren Zuordnung in verschiedene, auch von ihrer Naturausstattung her unterscheidbare Menschengruppen stellt ein Problem dar, sondern die Frage, was aus den natürlichen Unterschieden zwischen Menschen folgen soll.
2. Der Inhalt des politischen Rassismus besteht darin, Über- und Unterordnung, Herrschaft und Knechtschaft, ökonomische Ausbeutung und Gewalt als Ausdruck und Konsequenz natürlicher Unterschiede zwischen Menschen zu rechtfertigen. Biologische Unterschiede werden als unwidersprechlicher Grund – weil von Natur aus gegeben – zur Begründung gesellschaftlicher Ansprüche herangezogen. Der Widersinn dieser »Logik« besteht darin, dass gewaltsam geltend gemacht werden soll, was angeblich die Natur bereits unwidersprechlich festgelegt hat: Wären die politischen und sozialen Verhältnisse wirklich von »der Natur« determiniert, bräuchte es keinen Zwang, um sie durchzusetzen oder aufrechtzuerhalten – Naturgesetze haben keine menschliche Unterstützung nötig, um zu gelten.
3. Was den »Rassen« als jeweilige Eigenschaft zugeschrieben wird, hat deshalb mit natürlichen Eigenschaften wenig zu tun. Vielmehr lassen sich diese »Eigenschaften« unschwer als Abbild der Ansprüche erkennen, die eine Menschengruppe gegenüber einer anderen erhebt. Das Interesse an ihrer Benutzung wird als deren Eigenschaft ausgedrückt und damit als Konsequenz aus »der Natur« des Benutzten, Beherrschten, Ausgebeuteten begründet und legitimiert. Der Gewaltcharakter dieses Herrschafts- und Ausbeutungsverhältnisses wird damit einerseits geleugnet – weil man dem »Neger« gegenüber ja nur das als »Herr« abverlangt, was *dessen Natur* entspricht – und zugleich als Forderung »der Natur« gutgeheißen.
4. Eine derartige Legitimation von Gewaltverhältnissen wird über den Hinweis auf erfundene oder reale Defizite verfertigt. Bei diesem (in logischer Hinsicht) »negativen« Rassismus wird z.B. behauptet, dass

die »Natur« dem »Neger« vieles vorenthalten habe, was sie seinem »Herrn« gewährte. Dies ist offensichtlich keine Auskunft über das Vermögen oder Unvermögen von Menschen unterschiedlicher Hautfarbe, sondern über die Ansprüche, die vonseiten der Herrschaft an sie gestellt werden. Der angebliche Mangel des »Negers« soll die Gewalt gegen ihn als (natur-)notwendig legitimieren. Als Natur des »Negers« wird deshalb letztlich nichts anderes behauptet als die Notwendigkeit, Knecht zu sein und einen Herrn über sich zu haben.

5. Das Lob, das Adolf Hitler dem von ihm regierten »Arier« zukommen lässt, zeigt die (in logischer Hinsicht) ›positive‹ Variante rassistischer Legitimation von Herrschaft: Nicht die angeblichen *Defizite* einer »Rasse« sollen hier deren Benutzung, Ausbeutung und Schädigung begründen, sondern deren ebenso fiktive, im Interesse der Herrschaft liegende *positive Ressourcen*. Nicht das Fehlen, sondern das Vorhandensein (angeblich) positiver Wesensmerkmale lassen Inpflichtnahme und verlangte Opfer als passende Antwort auf die natürlichen Eigenschaften des ›Herrschaftsmaterials‹ erscheinen.
6. Der Wesensgehalt der ›positiven‹ Eigenschaften, die dem »Arier« qua Natur zukommen sollen und für die er von seinem »Führer« gefeiert wird, besteht in dessen bedingungsloser Unterwürfigkeit. Auch hier gibt die rassistische Ideologie Auskunft über das *Interesse* von Herrschenden, ihre Untertanen bis hin zu deren physischer Vernichtung in die Pflicht zu nehmen, ohne dass diese sich dagegen auflehnen – vielmehr sehen die Untertanen darin die Erfüllung ihrer Bestimmung.
7. In der rassistischen Ideologie wird das Interesse von rücksichtslos Herrschenden an bedingungs- und schrankenlos opferbereiten Untertanen dem Volk als dessen *Natur-Eigenschaft* zugeschrieben. Der Gegensatz zwischen den Interessen der Herrschaft und den Lebensinteressen der Untertanen wird so zum Verschwinden gebracht. An seine Stelle tritt ein harmonisches Aufeinanderverwiesensein von rücksichtslos fordernder Herrschaft und Untertanen, deren geforderte Rücksichtslosigkeit gegen sich selbst ihnen qua Natur mitgegeben sein soll.

b) Rassismus als Gleichsetzung von Nation und Biologie

Sich aufseiten der offiziellen Politik heutzutage vom historischen Rassismus abzusetzen, ist deshalb relativ einfach, weil er einer anderen Welt zu entstammen scheint: der Sklavenwirtschaft in den USA, dem Faschismus, der Apartheid Südafrikas etc. Aber Vorsicht: Das Bedürfnis von Regierungen und Politikern, zu rassistischen Mustern zu greifen, scheint zeitlos zu sein, wie sich an den folgenden aktuellen Beispielen zeigt. Nach wie vor begründen regierende oder oppositionelle Nationalisten ihre politischen Standpunkte und Ansprüche sehr gerne mit der Natur, der Hautfarbe, dem »Blut«, den »Erbanlagen« etc. der Menschen, über die sie regieren oder gerne regieren würden.

Erdoğan und das türkische Blut

Der türkische Präsident Erdoğan über türkischstämmige deutsche Bundestagsabgeordnete, die sich für die Verurteilung des Völkermords ausgesprochen haben, den das damalige Osmanische Reich am Ende des Ersten Weltkriegs an den Armeniern verübt hat: »Diesen Türken (gemeint ist der grüne Bundestagsabgeordnete Cem Özdemir, d.V.) kann ich nicht Türke nennen. Würde in seinen Adern türkisches Blut fließen, würde er dieses Volk nicht eines Völkermordes bezichtigen.«

Die Presse.com, 6.6.2016

»Manche sagen, das seien Türken. Was denn für Türken bitte? Ihr Blut muss durch einen Labortest untersucht werden.«

faz.net, 6.6.2016

Der türkische Justizminister Bekir Bozdag auf Twitter: »Leute mit so verdorbener Muttermilch, mit so verdorbenem Blut können niemals die türkische Nation repräsentieren.«

welt.de, 6.6.2016

Fragen:
Was ist »türkisches Blut«? Meint Erdoğan ernsthaft, dass man mit naturwissenschaftlichen Tests die Volkszugehörigkeit eines Menschen nachweisen kann, im Sinne einer Blutgruppe TürkA-positiv? Wieso sollen sich »türkisches Blut« – wenn es das denn gäbe – und die Kritik an Völkermord ausschließen? Wieso wenden Erdoğan und sein Justizminister ihre Vorstellung von einer türkischen Menschennatur auch noch auf Abgeordnete an, die doch bestenfalls türkischstämmig, mittlerweile aber so »deutsch« sind, dass sie sogar im deutschen Bundestag sitzen?

Thesen zur rassistischen Fassung von nationaler Loyalität

1. Ob Erdoğan und Co. ernsthaft der Meinung sind, es gäbe so etwas wie »türkisches Blut« im wörtlichen Sinne, sei dahingestellt. Wahrscheinlicher ist, dass sie ihre Abscheu gegenüber einer in ihrer Sicht illoyalen Haltung von Türken bzw. von deren Nachkommen mit möglichst drastischen Bildern ausdrücken wollen und dabei Anleihen bei der Logik des Rassismus machen. Immerhin zeigen sie damit, wie naheliegend offenbar der Übergang ist von den Ansprüchen, die politische Führer gegenüber ›ihrem‹ Volk erheben, und der Konstruktion von quasi-natürlichen ›Eigenschaften‹ bei den von ihnen beherrschten bzw. beanspruchten Menschen. So absurd also die Redeweise vom »verdorbenen Blut«, hervorgerufen womöglich durch das Trinken »verdorbener Muttermilch«, auch ist – die politischen Ansprüche, die diesem kruden Rassismus zugrunde liegen, sind durchaus nicht auf nationale Führer in der Türkei beschränkt.
2. Die gedanklichen Schritte, die Erdoğan und Co. machen müssen, um zu ihrer absurd-drastischen Aburteilung von türkischstämmiger Unbotmäßigkeit zu kommen, sind Ausdruck eines radikalen Nationalismus, den die türkischen Führer wie selbstverständlich bei ihrem Volk voraussetzen: Erstens ist das Osmanische Reich der Vorgängerstaat der heutigen Türkei, weshalb ein echter Türke alles bestreitet, was darauf ein schlechtes Licht wirft. Wie die historischen Fakten aussehen, ist für diese Liebeserklärung an die eigene Nation unerheblich – so total ist diese Liebe, dass sie sogar die historischen Vorläufer der eigenen Nation einschließt. Zweitens ist der türkische Menschenschlag mit seiner bedingungslosen Vaterlandsliebe so sehr verwachsen, sie gehört so sehr zu seiner Naturausstattung, dass jemand, der sich davon distanziert, einfach einen Defekt haben muss. Drittens gilt: Einmal Türke, immer Türke – seine ›nationale Natur‹ (ein Widerspruch in sich) kann man, eben wie seine Blutgruppe oder Hautfarbe, nicht ablegen, auch wenn man das Land verlässt und in einen anderen Staat wechselt. Viertens handelt es sich also bei dem Bundestagsbeschluss zum Völkermord an den Armeniern deshalb nicht um ein politisches Statement, für das sich die Abgeordneten entschieden haben und für das sie ihre Gründe haben werden, sondern – jedenfalls aufseiten der türkischstämmigen Abgeordneten – um etwas, das sich nicht (richtigen oder falschen) *politischen* Überlegungen, sondern einer Störung in der *Naturausstattung* verdankt.

3. Der Standpunkt, der dieser rassistischen Gleichsetzung nationaler Loyalität mit der natürlichen Eigenschaft von Menschen zugrunde liegt, besteht wie bei den zitierten historischen Vorgängern im Besitzanspruch eines nationalen Führers gegenüber den von ihm regierten Untertanen. Dieser Besitzanspruch wird aber nicht als solcher propagiert und damit als Zumutung an die davon Betroffenen kenntlich, sondern wird in deren eigenes Wesen, ihre eigene Natur verwandelt. Die geforderte blinde Liebe und Gefolgschaft saugen die so Beanspruchten quasi mit der Muttermilch ein, sie wird zu ihrer natürlichen Eigenschaft, sodass die erwartete vorbehaltlose Identifizierung mit der Nation der wahren Natur des Türken total entspricht. Wie beim Sklavenhalter und faschistischen Führer verrät die behauptete ›Natur‹ des »Negers«, »Ariers« oder eben des Menschen mit »türkischem Blut« nichts über die wirklichen ›Eigenschaften‹ der so konstruierten Menschengruppen, sondern alles über ihre Herren und deren totalitäre Ansprüche.
4. Diese rassistische Konstruktion einer Menschennatur als Abbild der hoheitlichen Ansprüche ist ein einziger logischer Widerspruch: Einerseits soll die unbedingte Loyalität zum eigenen Land so in der Natur z.B. »des Türken« verankert sein, dass sie dessen freiem Willen entzogen ist – er kann gar nicht anders, als seine Nation lieben und hochhalten, das ist seine ihm zugeschriebene Natur! Unwidersprechlich *wie ein Naturgesetz* macht sich geltend, dass er mit Haut und Haaren – oder eben »Blut« und »Muttermilch« – auf die Identifikation mit seiner Nation festgelegt ist. Andererseits betreiben gerade Potentaten vom Schlage Erdoğans kaum etwas so ausgiebig und konsequent wie die Suche nach Abweichlern, ›Volksschädlingen‹, ›Verrätern‹, illoyalem Volk aller Art, das es nach seiner rassistischen Vorstellung vom »türkischen Blut« eigentlich gar nicht geben dürfte. Mit seinen und den Anstrengungen der dafür zuständigen ›Dienste‹, diejenigen Staatsbürger aufzuspüren und dingfest zu machen, bei denen sich die ihnen zugeschriebene natürliche Loyalität zu Staat und Führung nicht so zeigt, wie sie der Führer erwartet, beweist Erdoğan selbst, was er mit seiner rassistischen Ideologie leugnet: Die distanzlose Identifikation des Volkes mit seiner Nation ist keine wie ein Naturgesetz verlässlich funktionierende ›Eigenschaft‹, auch wenn manche Führer das gerne so hätten. Sie stellt einen ziemlich umfassenden nationalen Anspruch an die Bürger dar – und die Führung, die diesen Anspruch erhebt, ist realistisch genug, seine Erfüllung

nicht dem Automatismus eines Naturgesetzes zu überlassen. Für die unterstellte Gleichsetzung der eigenen Person mit der Nation wird mit nationalistischer Agitation und mit rassistischen ›Argumenten‹ geworben – und sie wird dann, wenn sie nicht freiwillig erbracht wird, mit staatlicher Macht erzwungen.

»Bio-Deutsche« und »deutsches Blut«

Die Fernsehjournalistin Dunja Hayali begleitet die »Dügida« (»Düsseldorf gegen die Islamisierung des Abendlands«)-Aktivistin Melanie Dittmer auf einer rechten Demonstration:

»Hayali: Würden Sie zu den türkischen Bürgern, die hier am Rand bei ihren Lokalen stehen, hingehen?

Dittmer: Nö. Ich würde lieber einen lokalen Unternehmer oder etwas Bio-Deutsches unterstützen.

Hayali: Bio-Deutsch?

Dittmer: Ja, blutsdeutsch.

Hayali: Das heißt: Ich bin für Sie nicht deutsch, weil ich kein deutsches Blut habe?

Dittmer: Genau, das verstehen Sie richtig. Absolut.

Hayali: Egal ob ich hier geboren wurde oder einen deutschen Pass habe?

Dittmer: Völlig egal.«

Frankfurter Allgemeine Sonntagszeitung, 7.8.2016

Fragen:

Schmeckt Frau Dittmer das türkische Essen nicht oder was hindert sie daran, in ein türkisches Lokal zu gehen? Was macht für sie einen ›echten Deutschen‹ aus – und was nicht?

»Erbanlagen«, »Merkmale von Völkern« und »Fremdkörper«

»Deutscher ist, wer deutscher Herkunft ist und damit in die ethnisch-kulturelle Gemeinschaft des deutschen Volkes hineingeboren wurde. ... Ein Afrikaner, Asiate oder Orientale wird nie Deutscher werden können, weil die Verleihung bedruckten Papiers (des BRD-Passes) ja nicht die biologischen Erbanlagen verändert, die für die Ausprägung körperlicher, geistiger und seelischer Merkmale von Einzelmenschen und Völkern verantwortlich sind. ... Angehörige anderer Rassen bleiben deshalb körperlich, geistig und seelisch immer Fremdkörper ...«

Jürgen Gansel, Funktionär der sächsischen NPD.
Aus der Broschüre des NPD-Parteivorstandes »Eine Handreichung für die öffentliche Auseinandersetzung. Argumente für Kandidaten & Funktionsträger«, 2. Aufl., Juni 2006

Fragen:

Was ist die Botschaft des – sachlich zutreffenden – Hinweises, dass ein Pass keine Erbanlagen verändert? Was soll man sich unter »deutschen Erbanlagen« vorstellen? Woher weiß Herr Gansel, dass »Erbanlagen« festlegen, was »Einzelmenschen« denken und fühlen? Und wie soll man sich denkende und fühlende »Völker« vorstellen?

Thesen zur rassistischen Konstruktion von »Volk«

1. Nicht der »Pass« macht für Frau Dittmer und Herrn Gansel »den Deutschen« – sondern? »Bio-Deutsch«, »Blut«, »Erbanlagen« usw. sind Chiffren für die Idee von der biologischen, also von der Natur gestifteten Verbundenheit von Menschen mit ›ihrer‹ Nation – Bilder für ein in der Genstruktur begründetes Verwachsensein, das man weder auflösen noch durch einen staatlichen Akt, wie die Vergabe eines Passes, herstellen kann. Zwar kann der Staat – so die Vorstellung – sich ›künstlich‹ eine Bevölkerung schaffen, indem er Zugereisten einen Pass gibt. Aber zum »Volk« gehören die, einschließlich ihrer Nachkommen, nicht – daran hindert sie die Tatsache, dass sie die naturbedingte Verbundenheit mit Deutschland nicht haben, die ein Deutscher einfach in seinen Genen hat.
2. Der Unterschied, den die rassistischen Liebhaber nationaler Identität zwischen ›Pass-Deutschen‹ als Produkt des Staates und Volk als Produkt der Natur machen, ist grundverkehrt. Die Natur bringt nie ein Volk zustande – so wenig wie es eine Blutgruppe TürkenA-positiv gibt, so verrückt ist es, sich eine entsprechende deutsche Blutgruppe bzw. eine deutsche, österreichische, französische, englische etc. DNA vorzustellen. Das sind rassistische Hirngespinste, die einzig und allein dem Bedürfnis entspringen, sich das »Volk« als eine »Gemeinschaft« vorzustellen, die vor und jenseits jeder Staatlichkeit existiert und diese begründet – so als ob das von der Natur geschaffene (deutsche) Volk sich einen Staat gibt, der dann die Aufgabe hat, der biologisch begründeten Gemeinschaft der Deutschen zu dienen.
3. Damit steht das Verhältnis von Volk und Staat auf dem Kopf: Die Tatsache, dass es Deutsche, Franzosen, Polen etc. gibt, kann gar nicht anders zustande kommen als dadurch, dass sich eine Staatsgewalt mit ihrem Hoheitsanspruch über Land und Leute innerhalb der Grenzen eines bestimmten Territoriums etabliert, sich damit gegen andere Staaten behauptet und ihren Hoheitsanspruch in Gestalt der so geschaffenen Nation konsolidiert. Dann gibt es Deutschland, Frankreich, Polen etc. und ein jeweils dazugehörendes Volk – als Produkt eines Staates, der aus den Menschen, die auf dem von ihm regierten Territorium leben, ›sein‹ Volk macht, das er sich zuordnet, mit entsprechenden Ausweisdokumenten versorgt, auf das Befolgen seiner Gesetze verpflichtet usw. Ein Beweis dafür, dass *der Staat sein Volk ›macht‹* und nicht umgekehrt, besteht in all den geschichtlichen

Wechseln, die manche Gruppen von Menschen mal zum Volk des einen, dann zum Volk eines anderen Staates gemacht haben – meistens nach dem jeweiligen Ausgang von Kriegen, in denen sich Staaten wechselseitig ihre Hoheit über Regionen und Bevölkerung streitig gemacht bzw. gegen Angriffe behauptet haben. So waren Bewohner des Elsass mal Deutsche und mal Franzosen, Schlesier mal Deutsche und mal Polen – je nach dem Stand im Kampf um die jeweiligen Hoheitsansprüche der beteiligten Staaten.

4. In der rassistischen Konstruktion von »Volk« als eigenständigem, vorstaatlichem Wesen wird nicht nur die Biologie auf absurde Weise herangezogen, um diesem Wesen durch biologische Charakteristika einen Inhalt zu geben, der zwischen den Volksgenossen einen inneren Zusammenhang herstellen soll. Darüber hinaus soll auch das, was die Mitglieder dieser fiktiven »Volksgemeinschaft« denken und fühlen, als die »geistigen und seelischen Merkmale« eines Volkes einheitlich und von ihrer Natur vorbestimmt sein – so verlockend findet Herr Gansel die Vorstellung, Natur-Deutsche könnten gar nicht anders, als so völkisch zu denken wie er. Wenn das stimmen würde, bräuchte er keine Mühe darauf zu verwenden, mit seiner Partei, mit Reden und Broschüren für seine völkische Sichtweise zu werben – dann würden nämlich die »Erbanlagen« seinen Volksgenossen die ›wahrhaft‹ deutschen Gedanken und Gefühle mit naturgesetzlichem Automatismus eingeben.
5. Für die fanatischen Liebhaber des deutschen ›Volkskörpers‹ kann der ›wahre Deutsche‹ gar nicht anders, als ›deutsch‹ zu denken und zu fühlen. So sieht sich auch Frau Dittmer außerstande, bei Fremden einzukaufen oder essen zu gehen – sie ›muss‹ stattdessen die »unterstützen«, die so »bio-deutsch« sind wie sie selber. Es ist anzunehmen, dass ihr diese Einstellung auch den Geschmack verdirbt: Lieber eine schlechte deutsche Bratwurst als einen leckeren türkischen Döner. So tritt für »Bio-Deutsche« an die Stelle der Freiheit, das Essen auszuwählen, auf das man Lust hat, die zwanghafte Selbstbeschränkung – und die ist immer noch ihre persönliche Entscheidung, also genauso wenig von ihrer »Biologie« diktiert wie die Abneigung gegen alle »Fremdkörper«, die Herrn Gansel umtreibt.

Die »echte NATIONAL-Mannschaft«

»Auf dem Heft (WM-Planer der NPD zur Fußballweltmeisterschaft 2006, d.V.) vom Frühjahr 2006 ist ein Spieler der deutschen Fußballnationalmannschaft im typisch-weißen Trikot zu sehen. Leicht angeschnitten: Die Spielernummer 25, darüber in großen Lettern: ›Weiß, nicht nur eine Trikotfarbe – für eine echte NATIONAL-Mannschaft‹. Es war das Jahr der Fußball-Weltmeisterschaft in Deutschland, und wer sich einigermaßen für Fußball interessierte, der wusste: Die 25 ist die Nummer des Abwehrspielers Patrick Owomoyela – heute mit Borussia Dortmund auf Platz eins der Bundesliga. Owomoyela wurde in Hamburg geboren, seine Eltern stammen aus Nigeria. Seine Hautfarbe ist schwarz – und das soll in einer deutschen Nationalmannschaft nicht so sein, fand die NPD.«

SPIEGEL Online, 9.3.2011

Fragen:

Worin unterscheidet sich die wirkliche Nationalmannschaft von der »echten« à la NPD? Wieso ist eine Äußerlichkeit wie die Hautfarbe für die NPD so wichtig, dass die fußballerische Qualität eines Spielers dahinter zurücktritt? Will die NPD lieber »echt nationale« Niederlagen ihrer Nationalmannschaft als Siege mit ›falscher‹ Hautfarbe?

Gauland über den dunkelhäutigen Fußballnationalspieler Boateng:
»Die Leute finden ihn als Fußballspieler gut. Aber sie wollen Boateng nicht als Nachbar haben.«

Der AfD-Vize Gauland laut FAZ, 30.5.2016

Nach der öffentlichen Kritik, er habe Boateng beleidigt:
»Ich kenne ihn nicht und käme daher auch nicht auf die Idee, ihn als Persönlichkeit abzuwerten.«

Gauland laut FAZ, 30.5.2016

Fragen:
Was will Herr Gauland mit seiner Behauptung eines allgemein verbreiteten Nachbarschaftsrassismus sagen? Wenn er Herrn Boateng nicht »als Persönlichkeit« abwerten will – als was will er ihn dann abwerten?

»Empörung über rassistische Äußerungen«

Ruhr Nachrichten, 29.5.2016

»AfD-Vize Gauland beleidigt Jérôme Boateng«

Die Welt/N24, 29.5.2016

»Jeder Deutsche kann sich glücklich schätzen, solche Leute zu haben als Teamgefährte, deutschen Staatsbürger und als Nachbar.«

Innenminister Thomas de Maizière, 29.5.2016

»SPD-Chef und Vize-Kanzler Sigmar Gabriel sagte, Boateng sei kein »Fremder«, sondern Deutscher: ›Gaulands AfD ist auch deutschfeindlich.‹«

FAZ, 30.5.2016

Fragen:
In welcher Rolle soll man sich über Gaulands Rassismus aufregen bzw. Boateng gut finden? Welchen Vorwurf erhebt Vize-Kanzler Gabriel gegen die AfD? An welchem Maßstab will er sie blamieren?

Thesen zum Nationalmannschafts-Rassismus und seiner empörten Zurückweisung

1. Für die NPD ist die Pigmentierung der Haut die entscheidende Trennungslinie zwischen der wirklichen Nationalmannschaft, die der Bundestrainer zusammenstellt, und einer »echten«, mit der sich »die Nationalen« identifizieren können. Eines ist allen Beteiligten, den Fans der »weißen« Haut wie ihren Kritikern, klar: Mit der deutschen Nationalmannschaft stehen ›WIR‹ auf dem Platz. Die Ansprüche an ›unsere Jungs‹ folgen also den jeweiligen Ansprüchen an dieses nationalistisch konstruierte Kollektivsubjekt – und für Rassisten wie die Anhänger der NPD gehören dazu eben nur Hellhäutige, getreu dem Dreischritt: ›Die‹ sehen nicht so aus wie ›wir‹, *sind* also nicht wie wir, haben hier also nichts verloren! Also können auch nur ›weiße Männer‹ dieses ›Wir‹ repräsentieren, obwohl die Pigmentierung der Haut nichts über den damit ausgestatteten Menschen sagt, weder über seine soziale Stellung, noch seine politische Einstellung, von menschlichen oder fußballerischen Qualitäten ganz zu schweigen – noch nicht einmal die nationale Zugehörigkeit ist mit der Hautfarbe entschieden: »Weiße« gibt es in Deutschland, in Russland, in den USA usw., was beweist, dass die behauptete Gleichsetzung von ›weiß‹ mit ›deutsch‹ Unsinn ist. Aber egal: Für die NPD fällt die staatlich hergestellte ›Eigenschaft deutsch‹ mit der von der Natur ›hergestellten‹ Äußerlichkeit ›weiß‹ so sehr zusammen, dass sie es lieber sieht, wenn eine ›rein-rassige‹ »echt« deutsche Nationalmannschaft verliert, als dass gute, aber dunkelhäutige Kicker ›uns‹ zum Sieg verhelfen.
2. Herr Gauland drückt seinen Rassismus so aus, dass er ihn »den Leuten« als Zwar-Aber in den Mund legt: Nationalisten, die sie sind, fänden den dunkelhäutigen Nationalspieler Boateng »zwar als Fußballer« gut – wenn er zu Deutschlands Siegen beiträgt, sehen sie generös über seine dunkle Hautfarbe hinweg. Als Privatleute »aber« lassen sie ihrem – bzw. ihnen von Gauland unterstellten – Rassismus freien Lauf und wollen ihn »nicht zum Nachbarn« haben. Wie viele von »den Leuten« in Deutschland wirklich so denken, sei einmal dahingestellt – die »Abwertung«, die Herr Gauland Herrn Boateng auf diese verzinkte Tour zukommen lässt, betrifft in der Tat nicht dessen »Persönlichkeit«. Von dieser muss der Rassist nämlich gar nichts zur Kenntnis nehmen, um dennoch zu wissen, dass der keiner von ›uns‹

ist. Er macht damit unfreiwillig deutlich, wie dumm die abstrakte Einteilung der Menschheit in ›schwarz und weiß‹ ist: Welche »Persönlichkeit« in der dunklen Haut steckt, ist völlig gleichgültig. Für die Herabwürdigung eines Menschen als unzumutbaren Nachbarn muss er den gar nicht kennen – die reine Äußerlichkeit der Hautpigmentierung ist alles, was der Rassist braucht, um zu wissen, wen er vor sich hat.

3. Die empörte Antwort der demokratischen Medien und Politiker, die Gaulands Rassismus kritisieren und Herrn Boateng verteidigen, weist dessen Herabwürdigung ganz von einem nationalistischen Standpunkt aus zurück: Als »Deutscher« soll man sich »glücklich schätzen«, solch einen Mitbürger und »Teamgefährten« zu haben. Und Vize-Kanzler Gabriel bringt diese Sorte Anti-Rassismus auf den Punkt, wenn er der AfD vorwirft, sie sei »deutschfeindlich«. Das Opfer von Herrn Gaulands Beleidigungen und Attacken ist da nicht einfach die Einzelperson Boateng und seine menschliche Integrität, sondern etwas viel Prinzipielleres und Gewichtigeres: Der AfD-Rassismus richtet sich gegen Deutschland! Der Maßstab, den Herr Gabriel an die AfD anlegt und an dem er sie aburteilt, ist also derselbe, den diese für sich und ihren Standpunkt reklamiert: Nutzen und Ehre der deutschen Nation.
4. Worin die nationalen Interessen jeweils bestehen und wie sie zu verfolgen sind – darin unterscheiden sich die rechtsextremen und die demokratischen Parteien: Für die Rassisten reicht eine dunkle Hautfarbe, um in ihrem Träger einen auszugrenzenden »Fremdkörper« zu erkennen, während die Demokraten andere Maßstäbe für die Frage haben, wer in Deutschland willkommen ist und wer nicht – ihr Nationalismus kommt ohne Rassismus aus, lehnt engstirnige Vorurteile bei der Frage, wer sich in und für Deutschland nützlich machen darf, ab und hält das für den weitaus besseren Weg, die Nation voranzubringen. Ausgeschlossen werden dann schon auch viele, nämlich alle diejenigen, für die Deutschland keine Verwendung hat – das dann aber ohne diskriminierenden Bezug auf ihre Hautfarbe.

c) Das »deutsche Volk« und seine (angebliche) »Identität«

Das Bedürfnis, das hinter den haarsträubenden und absurden ›Theorien‹ über die angebliche ›Natur‹ von Türken, Deutschen, weiß- oder dunkelhäutigen Menschen steht, kann sich auch in weniger rassistisch klingenden Parolen und ›Theorien‹ ausdrücken. Wenn vom »deutschen Volk«, seiner angeblichen »nationalen Identität« und sonstigen »Merkmalen« von Völkern gesprochen wird, dann wird auch dadurch die Volkszugehörigkeit eines Menschen als dessen entscheidende Eigenschaft betrachtet, mit der er wie mit seiner Naturausstattung verwachsen ist, die er sich nicht ausgesucht hat und die er nie los wird. Die Frage, worin diese ›Volksnatur‹ genau bestehen soll, treibt all die Nationalisten um, die an der Idee einer Identität der »Einzelmenschen« mit ihrer Nation festhalten wollen, ohne zu rassistischen Mustern zu greifen. Sie huldigen damit der gleichen Logik wie der angeblich ›gestrige‹ Rassismus.

»Volk«, »Bevölkerung« und »Umvolkung«

»Es (die Flüchtlingspolitik der Bundesregierung, d.V.) ist der Versuch, das deutsche Volk allmählich zu ersetzen durch eine aus allen Teilen dieser Erde herbeigekommene Bevölkerung.«

AfD-Vize Gauland in Elsterwerda, 5.6.2016

»BK Merkel streitet es ab, Tauber (Generalsekretär der CDU, d. Verf.) träumt. Die Umvolkung Deutschlands hat längst begonnen. Handlungsbedarf besteht!«

CDU-Bundestagsabgeordnete Bettina Kudla;
zit. n. ZEIT-online, 24.9.2016

Fragen:
Was ist der Unterschied zwischen einem »Volk« und einer »Bevölkerung«? Wie kommt Frau Kudla auf »Umvolkung«? Und was wäre so schlimm, wenn es sie gäbe?

Thesen zur ›Volksidee‹ der Rechten

1. Wenn rechte Politiker mit Verbitterung registrieren, dass ›ihr‹ Staat mit seiner Ausländer- und Integrationspolitik für eine Bevölkerung sorgt, die er für seine Interessen passend findet, dann sind sie empört – und nennen die Menschen, die vom Staat zum Volk zusammengefasst werden, in abfälligem Ton »Bevölkerung«, um das eigentliche »Volk« davon zu unterscheiden. Diese Unterscheidung ist sachgerecht nur in einer Hinsicht: Als ›sein‹ Volk betrachtet und behandelt der Staat diejenigen Teile seiner Bevölkerung, die seine Staatsbürger sind, sei es per Geburt, sei es durch Bewilligung eines Antrags auf Erwerb der deutschen Staatsbürgerschaft, und stattet sie mit auf ihn lautenden Ausweispapieren aus. Immer ist er das *Subjekt* der Frage, wer zu seinem Volk gehört. Ganz verkehrt ist also die Vorstellung, es gäbe ein Volk vor und jenseits des Staates, im Sinne einer »Gemeinschaft« von Menschen, die sich durch gemeinsame ›Eigenschaften‹ auszeichnen – ihre einzige, wirkliche Gemeinsamkeit ist die Unterordnung unter dieselbe Obrigkeit.
2. Wenn die Fanatiker der Volksidee bemerken, dass ihre Idee von der staatlichen Politik widerlegt wird, machen sie dem Staat Vorwürfe: Zweck und Inhalt seiner Ausländerpolitik sei die Zerstörung des deutschen Volkes, »Umvolkung« im Sinn einer Ersetzung des deutschen Volkes durch eine »aus allen Teilen dieser Erde« zusammengewürfelte »Bevölkerung«. Die Frage, was daran schlimm wäre, welchen Schaden die Menschen in ihren Interessen und Bedürfnissen nehmen würden, wenn dem so wäre, würden diese Rechten gar nicht erst verstehen: Für sie sind das deutsche Volk und seine Identität – was immer deren Inhalt sein soll – Dinge, die sich jeder Nachfrage nach Nutzen oder Schaden für ihre Mitglieder entziehen, es sind Höchstwerte, die für sich stehen und absolute Gültigkeit beanspruchen. Für sie gibt es keine ›guten Argumente‹, denn die wären eine am Wesen des ›Höchstwerts Volk‹ vorbei zielende Relativierung – das Volk soll man nicht ›vernünftig‹ oder ›nützlich‹ finden (das wäre auch verdammt schwierig), zu dem soll man sich argumentlos bekennen. Dass man also als ›Volksdeutscher‹ von seinen Interessen als Mensch absehen muss, ist Grund genug, um die Volksidee der Rechten zurückzuweisen – nicht nur als theoretische, sondern auch als praktische Zumutung.

»Deutsche Identität: Wer sind ›Wir‹«?

Deutschlandradio Kultur, 4.10.2015

»Nationale Identität: Was macht einen Deutschen zum Deutschen?«

Berliner Zeitung, 5.2.2017

»Dieter Borchmeyer fragt ›Was ist deutsch?‹ – und verweigert auf mehr als tausend Seiten die Antwort.«

Buchbesprechung in der Frankfurter Allgemeinen Sonntagszeitung, 19.3.2017

Frage:
Wieso wird die Frage nach der »deutschen Identität« unablässig gestellt – und nie wirklich beantwortet?

Thesen zur ewigen Suche nach der »deutschen Identität«

1. Nicht nur in rechtsextremen Kreisen bemüht man sich um ein Ding namens »deutsche Identität« – landauf, landab in Hör- und Printmedien wird sie gestellt, die Frage, »wer wir sind« und »was einen Deutschen zum Deutschen macht«. Die richtige Antwort darauf ist denkbar einfach: »Wir« sind die Bürger des deutschen Staates, »uns macht aus«, dass »wir« derselben Staatsgewalt zugeordnet sind.
2. Mit dieser sachdienlichen Auskunft sind die Sucher nach der »deutschen Identität« nicht zufrieden – offensichtlich ist ihre Frage anders gemeint: Gesucht wird nach dem, was ›uns‹ abgesehen und jenseits von unserer Staatsbürgerschaft ausmacht – und das ist ein Widerspruch in sich. Wenn man sich ›die Deutschen‹ anschaut, also von allen Unterschieden zwischen den Menschen mit deutscher Staatsbürgerschaft hinsichtlich sozialer Stellung, Einkommen, Freizeitinteressen, politischer Position, Musikgeschmack usw. absieht – welche gemeinsamen ›Eigenschaften‹ sollen die dann noch haben? Nur die, deutsche Staatsbürger zu sein, den gleichen Pass zu haben. Es ist ein logisches Unding, erst von allen Bestimmungen der Menschen in Deutschland zu abstrahieren, bis man bei »den Deutschen« gelandet ist, und dann nach dem konkreten Inhalt dieser Abstraktion zu fragen.
3. Deshalb wird die Frage nie beantwortet – weil sie verkehrt und deshalb unbeantwortbar ist. Dass sie trotzdem nicht fallengelassen, sondern immer wieder öffentlich gestellt wird, liegt daran, dass es nach der Sache, die da gesucht wird, ein Bedürfnis gibt: Das Deutschsein soll mehr sein als der äußere, vom Staat gestiftete Zusammenhang zwischen Menschen, die sich ansonsten nicht nur unterscheiden, sondern in der kapitalistischen Gesellschaft als Konkurrenten gegensätzliche Interessen verfolgen (müssen). Die gemeinsame ›Eigenschaft‹, durch die sich die so zusammengespannten Individuen auszeichnen sollen, die findet man nicht, die *er*findet man – oder man ist zufrieden damit, beständig und heftig nach ihr zu suchen.

»Identitäre Bewegung«, »unterschiedliche Menschen« und »europäischer Brei«

»Die IB (Identitäre Bewegung, d.V.) formuliert glasklar: ›Unsere Forderungen sind so einfach wie naheliegend: Wir fordern, dass die eigentliche Vielfalt der Welt, nämlich die der Völker und Kulturen, erhalten bleibt. Aus diesem Grund lehnen wir die derzeit nach Europa hin stattfindende Masseneinwanderung entschieden ab.‹«

deutsche stimme, 27.12.2016

»... dass es eben Unterschiede gibt, dass Mann und Frau nicht gleich sind, dass jemand, der aus Südostasien kommt, nicht gleich ist mit 'nem Europäer, genauso wie ein Afrikaner nicht gleich ist. Es gibt unterschiedliche Interessen, unterschiedliche Menschen, unterschiedliche Bedürfnisse, und es ist ein großer Fehler, das alles in eins zu mengen.«

Ellen Kositza, laut Wikipedia »deutsche Journalistin und Publizistin der neuen Rechten«, in ZDF-Zoom, »Die neue Rechte«, 2016

»Andere Parteien wollen Zuwanderung nur, damit die Deutschen in einem großen europäischen Brei aufgehen.«

Armin Paul Hampel, AfD-Chef Niedersachsen, Mitglied des AfD-Bundesvorstandes, auf dem Europaparteitag der Partei, März 2014

Fragen:

Was hat die gleichnamige »Bewegung« über die »deutsche Identität« herausgefunden? Wie verträgt sich die mit der erwünschten »Vielfalt der Völker und Kulturen«? Wie unterscheiden sich eigentlich die Interessen und Bedürfnisse von Europäern, Asiaten und Afrikanern? Und was würde es ausmachen, wenn sie, z.B. hinsichtlich Essens- oder Musikgeschmack, unterschiedlich wären? Was wäre schlimm, wenn »die« Deutschen – also ein homogener Volksbrei – in einem »europäischen Brei« aufgehen würden?

Thesen zu »Identitäten« und »Unterschieden«

1. Die »Identitäre Bewegung« nennt sich so, weil auch ihr die »nationale Identität« der Deutschen am Herzen liegt. Sie geht aber einen Schritt weiter als die ewigen Frager und Sucher in Presse und Rundfunk: Sie will für ihre Erfindung kämpfen! Deshalb protestiert sie öffentlich gegen »Masseneinwanderung« und den damit angeblich vollzogenen »Austausch des deutschen Volkes« – und zwar ausgerechnet im Namen der »Vielfalt der Welt«. Die soll nämlich bleiben, wo sie ist – die Vielfalt – und sich nicht in Deutschland breit machen. Denn das würde die fixe Idee von einer exklusiv deutschen Besonderheit, die tief in jedem Deutschen drinnen sitzt und sein eigentliches Wesen ausmacht, bedrohen. ›Identisch‹ und mit sich im Reinen ist der Deutsche laut IB nur dann, wenn er die beschworene »Vielfalt der Welt« von sich fernhält.
2. Auch Frau Kositza ›weiß‹ ganz genau, dass es unüberbrückbare Unterschiede gibt zwischen den Völkern, sodass man sie auf keinen Fall »in eins mengen« darf. Worin diese »Unterschiede« genau bestehen sollen, sagt sie nicht: Im Hinblick auf die elementaren »Bedürfnisse und Interessen« – man braucht Essen, Trinken, Wohnen, Kleidung, Sicherheit etc. – dürften sich »die Menschen« kaum unterscheiden. Und was die Bereiche betrifft, in denen es in der Tat Unterschiede gibt, etwa die Frage, *welches* Essen und Trinken man jeweils gewohnt ist, *wie* man so wohnt und sich kleidet – wieso sollen diese »Unterschiede« ein Problem im Zusammenleben hervorrufen, also sich ausschließende Gegensätze sein? Diese *Gegensätzlichkeit* und Unvereinbarkeit unterstellt Frau Kositza nämlich, wenn sie die Trennung von »Europäern«, »Asiaten« und »Afrikanern« fordert: Ein Zusammenleben von so Verschiedenen ist schier unmöglich!
3. Dabei unterstellt sie ihren Kollektivsubjekten, ›den Südostasiaten‹, ›den Europäern‹, ›den Afrikanern‹ – und Herr Hampel »den Deutschen« – eine Einheitlichkeit, die ebenfalls eine reine Fiktion ist: Die individuellen Unterschiede und sozialen Gegensätze, die es innerhalb ›der Europäer‹ wie ›der Deutschen‹ gibt, sind für diese ›Volksfreunde‹ ganz irrelevant – da plötzlich will man nur Vereinbarkeit und Einheitlichkeit entdecken, freut sich also über einen allgemeinen und homogenen »Volksbrei«, wenn er nur »deutsch« bzw. »europäisch« ist. Für Herrn Hampel steckt schon im »europäisch« so viel »Unterschied« und Fremdheit, dass man »den Deutschen« bereits

dann ihre Identität raubt, wenn man sie zwingt, mit anderen Europäern zusammenzuleben.

4. Um ihre Lüge von unaushaltbaren Unterschieden zwischen in sich homogenen Völkern plausibel zu machen, fällt Frau Kositza ausgerechnet der ›natürliche‹ Unterschied von Mann und Frau ein, bei dem es auch keine Mischformen gebe. Ob sie da auch die Konsequenz fordert, Männer und Frauen müssten auf verschiedene Kontinente verteilt werden? Tatsache ist, dass sich entgegen ihrer Behauptung Afrikaner, Asiaten, Deutsche und sonstige Völkerschaften gerade hinsichtlich der Kategorie »Mann und Frau« sehr wohl ›mischen‹ und das mit wechselseitigem Vergnügen – sehr zum Missfallen der Rechten, die behaupten, dass das im Widerspruch zum natürlichen Unterschied zwischen den Völkern stehe. Was den Fans der Völkertrennung nicht passt, geht eigentlich gar nicht!
5. Es ist immer derselbe widersprüchliche Gedanke: Die ›Vermischung‹, die von den rechten Nationalisten nicht *erwünscht* ist, wird da, wo sie stattfindet, nicht als Widerlegung der ›Theorie‹ von den angeblich unüberbrückbaren »Unterschieden« zwischen den Völkern begriffen. Vielmehr beschweren sie sich im Namen ihrer verkehrten Konstruktion einer völkischen Einheit und »Identität« über deren Aufweichung – und erklären die zum hinterhältigen Zweck der regierungsamtlichen Flüchtlingspolitik. »Nationale Identität« erweist sich als *Weltanschauung*: Mit der entsprechenden Brille besteht die ganze Welt aus einem einzigen Kampf für oder gegen die angeblichen »Identitäten« und ihre »Unterschiede«.

»Kulturelle Identität«

»Die Ideologie des Multikulturalismus, die importierte kulturelle Strömungen auf geschichtsblinde Weise der einheimischen Kultur gleichstellt und deren Werte damit zutiefst relativiert, betrachtet die AfD als ernste Bedrohung für den sozialen Frieden und für den Fortbestand der Nation als kulturelle Einheit. Ihr gegenüber müssen der Staat und die Zivilgesellschaft die deutsche kulturelle Identität als Leitkultur selbstbewusst verteidigen.«

AfD-Grundsatzprogramm, 2016, S. 32

»Der Thüringer AfD-Vorsitzende Björn Höcke bezeichnete die AfD als ›letzte evolutionäre Chance des Vaterlands‹. Die Deutschen seien gegenüber fremden Kulturen ›schlaff und wehrlos‹ geworden, sagte Höcke.«

mdr.de/nachrichten, 4. Juni 2016, Bericht vom zweiten Kyffhäuser-Treffen des »Flügels« in der AfD

Fragen:

Wieso wird eine Kultur durch eine andere »zutiefst relativiert«? Was ist der Inhalt der »deutschen kulturellen Identität« – also: Welche Musik hören, welche Speisen mögen, welche Weltanschauungen pflegen »die Deutschen«? Wieso muss man sich gegen »fremde Kulturen«, also fremde Lieder, Speisen, Weltanschauungen etc. wehren?

Thesen zu »kultureller Identität«

1. Was der Inhalt einer »einheimischen Kultur« im Einzelnen sein soll, können ihre rechten Fans nicht angeben. Das wäre auch schwierig: Welche Musik hören denn die »Einheimischen«: Mozart, Beyoncé, BAP, Rolling Stones, Jazz ...? Was essen sie: Döner, Bratwurst, Pizza, Vegetarisch ...? Was lesen sie – wenn sie lesen: Goethe, Stephen King, Spiegel, Playboy, Asterix ...? Usw., usw. Die Konstruktion der »Nation als kultureller Einheit« geht an der Vielfalt dessen, was in Deutschland so alles gehört, gegessen, gelesen etc. wird, vollständig vorbei – ist also eine Lüge.
2. Diese Lüge verdankt sich dem krampfhaften Bemühen um eine »nationale Identität«: Weil partout etwas gefunden werden soll, das allen Deutschen gemeinsam ist, ihre »Identität« ausmacht und sie vor anderen ›Völkern‹ auszeichnet, phantasieren sich Rechte eine »deutsche kulturelle Identität« zurecht und verwandeln die völlig verschiedenen kulturellen Vorlieben und Geschmäcker in eine einheitliche Größe – etwas, das ›uns als Deutsche‹ ausmacht.
3. Damit wird der Art und Weise, wie in Deutschland gesprochen, gegessen, getrunken, welche Musik gehört und welche Kleidung getragen wird etc., eine Bedeutung beigemessen, die über deren Charakter als Lebensgewohnheiten bzw. Geschmacksbetätigungen weit hinausgeht. *Sprache* ist in dieser Perspektive nicht einfach ein Kommunikationsmittel, sondern ein Beweis für die Zugehörigkeit zu einer nationalen Gemeinschaft. Die *Religion* stellt in dieser Perspektive nicht einfach ein spezifisches Verhältnis zwischen den Gläubigen und ihrem Gott dar, sondern wird als Beitrag zur ›christlichen Prägung dieses Landes‹ gewürdigt. Den verschiedensten Gewohnheiten und Verhaltensweisen, die überwiegend im Privatbereich angesiedelt sind und dem subjektiven Geschmack bzw. der individuellen Willkür und Freiheit unterliegen, wird hier eine gemeinsame Funktion zugesprochen: Sie sollen Ausdruck einer einigenden deutschen Kultur sein und als Bindemittel den nationalen Zusammenhalt gewährleisten. Wenn jemand also deutsch spricht, ›deutsch‹ isst und trinkt etc., dann bestätigt er – ob er das weiß und will oder nicht – sein Deutsch-Sein, seine nationale Identität und Loyalität.
4. Deshalb wandelt sich die »deutsche kulturelle Identität« von der Lüge einer behaupteten kulturellen »Einheit« zu einem Kampfprogramm gegen kulturelle Vielfalt. Die ›Kulturgütern‹ einzig angemes-

sene Stellung, sich nach dem eigenen Geschmack auszusuchen, was einem gefällt oder einleuchtet, wird bekämpft. »Kultur« hat keine Privatsache zu sein, bei der man sich je nach Gusto das Eine oder Andere aussucht und es einem auch egal sein kann, wenn dem Nachbarn etwas Anderes gefällt oder schmeckt. Die absurde Idee, dass ›unsere Kultur‹ gegen »importierte kulturelle Strömungen« verteidigt werden muss, dass fremde Lieder, Essensgewohnheiten und Weltanschauungen ›unsere‹ Lieder, Lieblingsgerichte etc. bedrohen, beruht darauf, dass diese als nationale Identitätsstiftung überhöht und für alleingültig und verbindlich erklärt worden sind: Da wird keine kulturelle Freiheit geduldet, sondern der Auftrag an ›uns alle‹ erteilt, sich gegen die Fülle kultureller Angebote, den »Multikulturalismus«, zu »wehren«.

5. Nicht nur für rassistische, sondern auch für kultur-nationalistische Konstruktionen einer ›Volksnatur‹ gilt also, dass sie immer auf den Ausschluss Anderer hinauslaufen: Was ›uns‹ angeblich eint, grenzt die ›Anderen‹ aus. Mehr noch: Der ganze Inhalt »unserer Kultur« besteht darin, dass sie Verbindlichkeit beansprucht. Das liegt in der nationalistischen (Un)Logik des Verfahrens begründet: Wenn von allen Besonderheiten, Interessen usw. ›der Deutschen‹ abgesehen wird und man auf dieser abstrakten Ebene eine alle verbindende ›Eigenschaft‹ sucht – dann bleibt als einzige völkische Gemeinsamkeit der Unterschied zwischen ›uns‹ und ›den Anderen‹. Sich von denen abzugrenzen und das ›Eigene‹ gegen alles ›Andere‹ zu »verteidigen«, sich gegen «fremde Kulturen« zu »wehren« – das ist sie dann, die »nationale kulturelle Identität«.

Vaterlandsliebe als letzter Beweis für »nationale Identität«
»Wer Deutschland nicht liebt, soll es verlassen.«

Pegida-Parole

»Große deutsche Geschichte, Tradition und Kultur ist vielen Menschen ein Dorn im Auge. Leider. Und man muss sich anhören, dass Menschen sagen, die in unserer politischen Klasse eine Rolle spielen: ›Deutschland ist Scheiße.‹ Da kann ich nur sagen: Wer so was in den Mund nimmt, gehört nicht zu unserem Volk und hat hier keinen Platz. Er soll gefälligst verschwinden und da hingehen, wo der Pfeffer wächst.«

Alexander Gauland, Rede in Elsterwerda, 5.6.2016

Frage:
Wieso ertragen es Gauland und Co. nicht, wenn nicht alle ihre Begeisterung für Deutschland teilen?

Thesen zur Aussage: »Wer sein Land nicht liebt, soll es verlassen«.

1. Für die Lebenslüge rechter Nationalisten, dass die Frage, wer »zu unserem Volk gehört«, nicht mit seinem Pass erledigt ist, müssen nicht unbedingt rassistische oder kulturelle, pseudo-objektive ›Eigenschaften der Deutschen‹ erfunden werden. Als entscheidender Lackmus-Test bietet sich darüber hinaus die subjektive Stellung der Menschen zu ihrem Land an: Die Liebe zu seinem Land ›macht‹ letztlich aus einem Deutschen ein echtes Mitglied der Volksgemeinschaft. Die »nationale Identität« ist hier kein Faktum, dessen Inhalt gesucht oder zurechtkonstruiert werden müsste, sondern eine von den Bürgern geforderte Leistung: die distanzlose Identifizierung ihrer Person mit ihrer Nation. Hier wird die »nationale Identität« direkt zur Vorschrift, sie sich zuzulegen.
2. Die Stellung der Menschen zu ihrem Land wird nicht denen selbst überlassen: Man hat sein Land gefälligst zu lieben – warum? Welche Vorzüge Deutschlands, seiner »Geschichte, Tradition und Kultur« können Gauland und Co. ins Feld führen? Natürlich geht die Frage am Charakter des nationalistischen Liebes-Befehls vorbei: Einfach weil es »unseres« ist, muss man dieses Land lieben – völlig egal, wie es in diesem Land aussieht, wie es einem in diesem Land geht und was es in seiner »großen Geschichte« so alles angestellt hat.
3. Dass die hier verordnete nationale Befangenheit kein gutes Argument für Liebe ist, war der Hinweis von Bertolt Brechts Figur Kalle (siehe den Abschnitt »Liebe zum Vaterland«, S. 67). Herr Gauland und die Pegida-Parole drehen das um: Dass man mit seinem Land alternativlos verwachsen ist, soll das beste Argument sein, es heftig zu lieben. Deshalb ertragen es die Rechten auch nicht, wenn ihre Vaterlandsliebe von anderen nicht geteilt wird: Diese Liebe ist keine freie Entscheidung, die man so oder so fällen kann. Dieser postulierte Zwangscharakter der Vaterlandsliebe spricht objektiv sehr gegen sie – für Gauland und Co. im Gegenteil dafür, dass sie selbstverständlich erbracht zu werden hat.
4. »Gefälligst verschwinden« sollen die, denen das nicht einleuchtet, die womöglich eine kritische Distanz zur Nation und ihrer »großen Geschichte« pflegen – die nicht alles, was diese Nation im Lauf der Jahrhunderte hervorgebracht und angestellt hat, einfach deshalb schon toll finden, weil es ›ihr‹ Land ist. Damit entlarven sie sich als Nestbeschmutzer und Vaterlandsverräter, die es nicht wert sind, in

diesem tollen Deutschland »eine Rolle zu spielen«. Auch diese Sorte »nationale Identität« gibt es also doppelt: als Behauptung, so sei der Deutsche nun mal, und als Imperativ, so habe er gefälligst zu sein. Wenn nicht nur Volksfremde, sondern »viele Menschen« in ›unserem Volk‹, sogar aus (unerhört!) »unserer politischen Klasse«, nicht die gleiche trostlose Bereitschaft aufbringen, sich in ihrem Denken und Fühlen ganz dem nationalistischen Wahn zu unterstellen, dann werden Rechte – zumindest in Gedanken und mit Worten – militant und skandieren ihren Hauptgedanken: »Raus mit!«

4. Argumente gegen das ›Markenzeichen‹ der (mehr oder weniger) extremen Rechten: Ausländerfeindlichkeit

Feindseligkeit, Hass und Gewalt gegen Ausländer stellen eines der zentralen ›Markenzeichen‹ der (mehr oder weniger) extremen Rechten dar. Ausländerfeindlichkeit, die bis weit in die berühmte ›Mitte der Gesellschaft‹ hinein Anhänger hat, verleiht Nationalismus und Rassismus einen klaren Inhalt und eine (im Wortsinne) ›Stoßrichtung‹. Dabei ist die von den Rechtsextremen kaum auszuhaltende Tatsache, dass es in Deutschland ›Ausländer‹ gibt, das Werk des deutschen Staates, der seine Souveränität in doppelter Weise zur ›Herstellung‹ von Ausländern benutzt – zu allererst, indem er wie jeder andere Nationalstaat, durch die Inbesitznahme eines abgegrenzten Territoriums und der darauf lebenden Bevölkerung ganz praktisch eine Unterscheidung zwischen ›seinem Volk‹ und den Völkern der anderen Staaten herstellt: So kommt es zu Inländern und Ausländern. Auf diese Abgrenzung zwischen den ›Seinen‹ und den ›Anderen‹ legen alle Staaten größten Wert – sie lassen sich weder das eigene Volk von anderen Staaten streitig machen, noch erlauben sie so einfach die Einwanderung ›fremder Völker‹ in ihr Hoheitsgebiet: Seine Grenzen bewacht der Staat, damit keiner ohne seine Erlaubnis so einfach herein- oder herauskommt.[4]

Die zweite Tat des Staates zur ›Herstellung‹ von Ausländern besteht darin, dass er Ausnahmen von der Regel zulässt, dass die Seinen bei ihm und die Anderen in anderen Ländern sind: Er definiert Bedingungen, unter denen Staatsbürger fremder Nationalität in sein Land dürfen – und zwar dann, wenn er das in politischer oder ökonomischer Hinsicht als nützlich für die Nation befindet. Damit werden sie aber keineswegs auch zu Inländern, sondern unterliegen als Ausländer besonderen ge-

---

[4] Eine Ausnahme: Die in der EU zusammengeschlossenen Staaten Europas bzw. einige davon haben sich im Schengen-Abkommen darauf geeinigt, auf Grenzkontrollen untereinander zu verzichten. Aber erstens behalten sie sich im besagten Abkommen explizit vor, in besonderen Situationen zu einer Grenzkontrolle zurückzukehren. Und zweitens ist es ihnen umso wichtiger, die gemeinsamen ›Außengrenzen‹ streng zu überwachen.

setzlichen Regelungen, u.a. in eigens für sie geschaffenen Ausländergesetzen – und ihre längere Anwesenheit führt zu spezifischen Fragen wie der, ob und inwieweit die ›Integration‹ dieser Menschen in die deutsche Gesellschaft gewünscht wird, wie sie zu bewerkstelligen sei usw. Die verschiedenen Kalkulationen, die der Staat bei der Frage anstellt, ob und wen er ins Land lässt, kann man an den verschiedenen ›Sorten‹ von Ausländern studieren, die in den letzten Jahrzehnten nach Deutschland kamen: Soldaten fremder Staaten waren und sind (seit dem Ende der Sowjetunion in verringerter Zahl) in der Bundesrepublik als Bündnistruppen stationiert; Geschäftsleute, Studenten, Touristen können sich für eine bestimmte Zeit und zu bestimmten Zwecken in Deutschland aufhalten; Arbeitsmigranten wurden als sogenannte Gastarbeiter aus südeuropäischen Ländern nach Deutschland geholt; Asylbewerber und Flüchtlinge bekommen, je nach dem ihnen zuerkannten Status, die Erlaubnis, sich kurz- oder längerfristig in Deutschland aufzuhalten.

Hinter all diesen ›Sorten‹ von Ausländern stehen (unterschiedliche) Interessen vonseiten des deutschen Staates – besonders klar zu erkennen an den Arbeitsmigranten, die für die deutsche Wirtschaft einen ökonomischen Nutzen versprachen und erbrachten. Aber auch die stark umstrittene Politik, »politisch Verfolgten Asyl zu gewähren« (Grundgesetz Artikel 16a) bzw. Bürgerkriegsflüchtlinge ins Land zu lassen, beruht auf Interessen, die der deutsche Staat mit diesen ›Ausländern‹ verfolgt. Der ›Nutzen‹ dieser Asylbewerber bzw. Flüchtlinge beruht (erst einmal) nicht auf wirtschaftlichem, sondern auf politischen Interessen. Damit macht sich Deutschland nämlich zuständig für die Politik anderer Staaten: Im Fall der Anerkennung eines Asylbewerbers als in seinem Land »politisch Verfolgter« erklärt Deutschland den Umgang des fremden Staates z.B. mit seinen Kritikern als unrechtmäßig. Im Kalten Krieg wurden so, durch die Aufnahme von ›Dissidenten‹, der Sowjetunion und ihren ›Bruderstaaten‹ systematische Menschenrechtsverletzungen vorgehalten. Im Fall der Aufnahme von Flüchtlingen, insbesondere während der ›Flüchtlingskrise‹ von 2015, ist die deutsche Regierung nach eigenem Bekunden ihrer ›Verantwortung gerecht‹ geworden, die ihr als einer der reichsten Nationen und Führungsmacht in Europa zukommt. Damit wurde der Anspruch erhoben, als Zielland vieler Flüchtlinge mit zuständig zu sein für politische ›Lösungen‹ in den Bürgerkriegsländern, den Transitländern und den anderen europäischen Staaten. Der politische Nutzen der Flüchtlingsaufnahme besteht – so gesehen – in der Verstärkung des deutschen Gewichts in der Weltpolitik.

Ausländer sind also im Inland, weil sie vom Staat mit unterschiedlichen Kalkulationen und Nützlichkeitserwägungen geholt bzw. hereingelassen werden. Diese Relativierung der kategorischen Trennung der ›Anderen‹ vom ›eigenen Volk‹ ist das, was den rechtsextremen Anhängern von »Vaterland« und »Volksgemeinschaft« so bitter aufstößt. Für sie kann es keine ›guten Gründe‹ dafür geben, Ausländer ins Land zu lassen – sie setzen gewissermaßen die oben so genannte ›erste Tat des Staates‹, die Unterscheidung von ›In- und Ausländern‹, absolut: Wenn das doch die ›Anderen‹ sind, dann haben sie hier nichts verloren, basta. Der angebliche Nutzen der Fremdlinge für Deutschland ist für sie in Wahrheit ein Anschlag aufs deutsche Volk. Die entsprechende Verbitterung bringt Rechte erstens dazu, die eigene Regierung als »Volksverräter« zu kritisieren, die anti-nationale Interessen verfolgen, anstatt den Volkskörper rein zu halten. Zweitens machen sie sich daran, mit ihrem Privatkrieg gegen Ausländer das Übel ›an der Wurzel zu packen‹ und Deutschland von den Ausländern zu ›befreien‹ oder wenigstens möglichst viele ›national befreite Zonen‹ zu schaffen. Entsprechend mörderisch und rücksichtslos sieht ihr Kampf gegen diejenigen Ausländer aus, die das Pech haben, ihnen in die Finger zu fallen.

a) Rechtsextreme Feindschaft gegen Ausländer – Gründe und Begründungen

»Steckt sie in den Kerker oder steckt sie ins KZ,
von mir aus in die Wüste, aber schickt sie endlich weg.
Tötet ihre Kinder, schändet ihre Frau'n,
vernichtet ihre Rasse und so werdet Ihr sie grau'n.
Türke, Türke, was hast Du getan?
Türke, Türke, warum machen Du mich an?«

aus dem Lied »Kanaken« der Gruppe »Endsieg«

Fragen:
Die Frage des Liedes ernst genommen: Was hat der »Türke« (den Sängern und ihren Sympathisanten) getan, dass sie so voller Hass gegen sie sind? Welche Taten oder Eigenarten von Ausländern können Rechtsradikale so wenig ertragen, dass sie nur mit Schaum vor dem Mund von ihnen reden können? Was machen Ausländer falsch?

Ausländer können machen, was sie wollen, falsch ist es immer
Arbeiten sie, dann nehmen sie den Deutschen die Arbeitsplätze weg.

Sind sie arbeitslos und beantragen Arbeitslosengeld, dann nehmen sie den Deutschen die Butter vom Brot und beuten den Sozialstaat aus.

Lassen sie ihre Kinder in der Türkei, dann ›klauen‹ sie den Deutschen das Kindergeld.

Lassen sie ihre Kinder nachkommen, dann sind sie zu viele.

Leben sie in Notunterkünften, dann ist dies der Beweis für ihre Rückständigkeit.

Mieten sie eine bessere Wohnung an, dann nehmen sie den Deutschen den Wohnraum weg.

Schicken sie die Kinder in die Schule, dann stören sie den Lernerfolg der deutschen Schüler.

Schicken sie ihre Kinder nicht in die Schule, dann wollen sie sich nicht an die Ordnung des Gastgeberlandes anpassen.

Leben sie in besonderen Stadtteilen, dann heißt es ›Ghetto!‹

Ziehen sie in andere Viertel, heißt es ›Überfremdung!‹«

Huisken 1987: 38

Fragen:
Woran liegt es, dass Ausländer machen können, was sie wollen – es ist immer falsch? Welche Optik auf Ausländer muss man haben, wenn man sie zu Feinden erklärt, ganz unabhängig davon, was sie tun oder lassen? Und was ist daran verkehrt?

Thesen zu den Begründungen von Ausländerhass

1. Die Vorwürfe, die von Ausländerfeinden gegen Ausländer erhoben werden, sind vielfältig – und sie sind beliebig. Mal ist es der Fleiß (›Arbeitsplätze wegnehmen‹), mal die Faulheit (›soziale Hängematte ausnutzen‹), mal der Rückzug in die eigene Landsmannschaft (›Ghetto‹, ›Parallelgesellschaft‹), mal die öffentliche Präsenz (›Überfremdung‹), mal tragen die Frauen Kopftücher, weil sie von ihren Männern dazu gezwungen werden, mal weil sie ›uns‹ provozieren wollen. Alle möglichen, sich teilweise unmittelbar widersprechenden ›Argumente‹ scheinen willkommen zu sein, um den Standpunkt zu begründen, dass ein Leben mit Ausländern einfach nicht auszuhalten ist.
2. Wenn ein Standpunkt sich mit derart beliebigen und widersprüchlichen ›Argumenten‹ begründen lässt, dann braucht er keine. Dann steht er längst fest und sucht sich nachträglich ›Begründungen‹, die insofern allesamt verlogen sind, als sie gar nicht – wie behauptet – den wirklichen Grund für die Feindschaft gegen Ausländer benennen. Die vielfältigen und beliebigen ›Argumente‹ gegen Ausländer sind nichts als bemühte Ausmalungen, Bebilderungen eines vorab feststehenden Standpunkts: ›Ausländer gehören nicht hierher!‹
4. Die Frage des rechtsradikalen Sängers (»Was hast Du getan?«) ist also unredlich und frech: Sie gibt vor, es gebe irgendeine Tat oder Eigenart, mit der sich der »Türke« die Feindschaft der rechten Schläger zugezogen habe. In Wahrheit steht der Hass gegen den Ausländer mit der radikal-nationalistischen Entscheidung fest, dass allein die Existenz von Ausländern in Deutschland eine Beschädigung der deutschen ›Volks- und Vaterlandsgemeinschaft‹ darstellt, dass also nur eines hilft: »Schickt sie endlich weg!«
5. Deshalb können Ausländer machen, was sie wollen: Aus nationalistischer Sicht, dass Ausländer ›nicht hierher gehören‹, genügt ihre Anwesenheit in Deutschland, um sich gestört und herausgefordert zu fühlen. Konkrete Bebilderungen der Unerträglichkeit eines Zusammenlebens mit Ausländern sind dann leicht zu finden.

Satire und Realität

Dem Einfallsreichtum sind keine Grenzen gesetzt, wenn einmal klar ist, gegen wen man ›Argumente‹ suchen muss. Die theoretische Haltlosigkeit wird an der Anwendung ihrer Logik in einer Satire zur ›Lösung des Katholikenproblems‹ deutlich:

»Katholikenproblem lösen

Um es gleich vorweg zu sagen: Wir haben nichts gegen Katholiken. Im Gegenteil, jeder Katholik, der sauber ist und hier seit Jahren seine Steuern zahlt, ist uns willkommen. Wir wehren uns nur dagegen, dass wir Norddeutschen durch den Zustrom von schwarzen Schafen und ihren bischöflichen Hirten unsere kulturelle Identität verlieren.

Leider ist es den meisten Katholiken aufgrund ihrer fundamentalistischen Einstellung bislang nicht gelungen, ihre naturreligiöse Vorstellung von Sexualität, nach der sexuelle Handlungen nur zum Zwecke der Fortpflanzung ausgeübt werden dürfen, abzulegen. Das führt dazu, dass diese Bevölkerungsgruppe, die wir einst als Gäste in unser Land riefen, sich vermehrt wie die Karnickel in der Geest.

Sind es nicht jene Katholiken, die durch ihre beharrliche Ablehnung jeder Form von Empfängnisverhütung in erheblichem Umfang zur Verschärfung von Problemen wie Wohnungsnot und Arbeitslosigkeit beigetragen haben? ...

Schon das Symbol, das diese Katholiken anbeten, das Bildnis eines Gefolterten am Kreuz, ist beredtes Zeugnis einer versteckten Gewaltbereitschaft dieser Gruppe. Muss es erst so weit kommen, dass sich keine norddeutsche Frau mehr aus Angst vor Katholiken auf die Straße traut?

Nach wie vor stehen eine Vielzahl der Rituale in krassem Widerspruch zum Grundgesetz. Hierzu nur zwei Beispiele: Während das Grundgesetz Ehe und Familie unter besonderen Schutz der Gemeinschaft stellt, verbietet die katholische Kirche ihren Priestern grundsätzlich die Eheschließung und Familiengründung. Während nach dem Grundgesetz Männer und Frauen gleichberechtigt sind, ist es Frauen in der katholischen Kirche verboten, Priesterin zu werden. Muss es erst so weit kommen, dass der Erzbischof von Köln die Macht an sich reißt, um das Grundgesetz außer Kraft zu setzen und seinen sogenannten Gottesstaat zu errichten? ...

Bereits jetzt sind die negativen Einflüsse auf die deutsche Wirtschaft erkennbar. Die hohe Zahl ihrer religiösen Feiertage führt zu Produktionseinbußen in Milliardenhöhe. Dies hat die Konkurrenzfähigkeit zum Beispiel zur japanischen Industrie, in der so gut wie keine Katholiken arbeiten, erheblich beeinträchtigt. Muss die deutsche Wirtschaft erst völlig am Boden liegen, bis die Katholikenflut eingedämmt wird? ... Das Boot ist voll.«

Flugblatt aus Norddeutschland; zitiert nach: Marxen 2000, Unterrichtsbausteine, Kapitel 5.10: 11.

Anstelle von Fragen:

Diese Satire lebt davon, dass die Verdachts- und Fahndungslogik einmal nicht auf die Gruppe bezogen wird, bei der sie üblicherweise Anwendung findet, die Ausländer bzw. aktuell besonders im Visier von Ausländerfeinden: die Muslime, sondern die unbescholtene Gruppe der Katholiken aufs Korn nimmt. Sie ist ein Beleg dafür, dass ›verdächtige‹ bzw. ›schädliche‹ Seiten an jedweder Gruppierung aufgefunden werden können – wenn man sich nur entsprechend motiviert auf die Suche macht. Es gilt hier das Motto: ›Wer sucht, der findet!‹ Wenn ich weiß, gegen wen ich etwas habe, dann fallen mir schon ›Argumente‹ gegen ihn ein!

Allerdings: So ganz beliebig, wie die Satire nahelegen könnte, ist das Ziel des Hasses nicht. Es ist unüblich, gegen ein ›‹Katholikenproblem‹ und eine ›Katholikenflut‹ zu polemisieren, stattdessen aber gang und gäbe, eine entsprechende ›Argumentensuche‹ gegen Ausländer in Gang zu setzen: Der Unterscheidung ›deutsch-nichtdeutsch‹ kommt eine wirkliche nationale Bedeutung zu. Sie wird nicht von rechten Ausländerhassern erfunden, damit sie irgendeinem ›Sündenbock‹ in die Schuhe schieben können, was ihnen an ihrem Leben und an ihrem Land nicht gefällt. Die Unterscheidung zwischen In- und Ausländern wird vom Staat als hoheitlicher Akt vollzogen und dadurch zur ›objektiven‹ Tatsache. Der so staatlicherseits geschaffene Sonderstatus eines ›Ausländers‹ ist der Ausgangspunkt des rechten Ausländerhasses: Da wird kein Sündenbock gesucht, vielmehr liegt im ›Ausländer‹ das Objekt für Misstrauen und Ablehnung fix und fertig vor. Während also die Hetze gegen Katholiken eine Satire darstellt, ist Feindseligkeit gegen Ausländer nicht nur bei Rechtsextremen aufzufinden – auch viele ›normale‹ Deutsche meinen, dass ›die nicht hierher gehören‹.

»Armes Deutschland!« – die ganz alltägliche Ausländerfeindlichkeit
Gießen. In einem Bus der Linie 24, auf dem Weg zu einem Treffen mit Ali: Am Gießener Bahnhof steigt eine eritreische Familie ein, drei Männer, eine Frau mit ihrem Baby. Die Frau kämpft mit dem sperrigen Kinderwagen, die drei Männer kämpfen mit zwei Gardinenstangen und einem Einkaufswagen voller Einrichtungsgegenstände. Es dauert eine Weile, bis die Erwachsenen Einkäufe und Kinderwagen verstaut haben. Der Bus ist fast leer, physisch kommen sie bei ihrer Rangieraktion niemandem in die Quere – psychisch schon. Ganz vorne sitzt eine Frau Ende 50, blond gefärbte Haare, einen Aldi-Prospekt in der Hand. Sie starrt die Familie an und schüttelt dann verächtlich den Kopf, bis sie nicht mehr an sich halten kann. ›Armes Deutschland!‹, sagt sie mit deutlich vernehmbarer Stimme. Die anderen Passagiere schweigen.

FAZ, 17.10.2016

Fragen:
Was stört die deutsche Frau an den eritreischen Fahrgästen – dass sie einen sperrigen Kinderwagen im Bus unterbringen wollen, dass sie sich ungeschickt anstellen, dass es so lange dauert, bis sie sich und ihre Gerätschaften im Bus verstaut haben? Könnte das nicht auch deutschen Fahrgästen passieren? Und wäre die Frau dann auf die genauso sauer?

Elemente einer Antwort:
Die gute Frau muss schon die nationalistisch-ausländerfeindliche Brille auf der Nase haben, um aus ihrer Begegnung den ›Schluss‹ zu ziehen, dass ein ›Armutszeugnis für Deutschland‹ ist, was sich da abspielt. Dabei wird sie durch die ausländischen Fahrgäste in keiner Weise praktisch behindert, etwa weil mit ihnen endgültig zu viele im Bus wären. Das wäre zwar auch schon eine ziemlich dumm-nationalistische Sichtweise auf einen überfüllten Bus – nicht die zu große Zahl oder den zu kleinen Bus, sondern die Einstellung, dafür exklusiv die ausländischen Fahrgästen verantwortlich zu machen. Aber es sind ja noch viele Plätze frei! Für die Frau ist es offensichtlich eine ganz prinzipielle Zumutung, dass sie auf Nicht-Deutsche trifft, auch wenn die sich gar nicht anders verhalten als deutsche Familien. Ausländer gehören nicht hierher – und wenn sie der Frau über den Weg laufen, kommt ihr die Galle hoch: So sehr hat sich ihr Ausländerhass in ihren Gefühlshaushalt eingepflanzt.

Wer ›hierher gehört‹ und wer nicht

Karikatur 5

Thomas Plaßmann

Fragen:
Wie kommt der Junge darauf, dass er ›nicht hierher gehört‹? Hat er mit dieser bitteren ›Erkenntnis‹ recht – und wenn ja: in welchem Sinn? Und was bedeutet das für ihn und seine Familie?

»Entschuldigen's die Sprache, das Schlimmste ist ein fußballspielender, ministrierender Senegalese, der über drei Jahre da ist – weil den wirst Du nie wieder abschieben. Aber für den ist das Asylrecht nicht gemacht, sondern der ist Wirtschaftsflüchtling.«

Andreas Scheuer, Generalsekretär der CSU,
im Regensburger Presseclub am 15.9.2016

Fragen:
Was findet der CSU-Generalsekretär »schlimm« an einem Mann, der doch alles erfüllt, was eines (zumal eines bayerischen) Deutschen Herzen höher schlagen lassen müsste? Wenn seine menschliche Abwertung unabhängig von dem ist, was der Mensch ist und tut – wovon hängt sie dann ab? Was genau ist ein »Wirtschaftsflüchtling«?

Thesen: Wovon hängt ab, wer »hierher gehört«?

1. Dem Jungen in der Karikatur wurde in der Schule offenbar vermittelt, dass er als Kind ausländischer Eltern einen anderen Status im deutschen Gemeinwesen hat als diejenigen Altersgenossen, die hier geboren sind bzw. deren Eltern die deutsche Staatsangehörigkeit haben. Dieser Unterschied wird anscheinend von allen Beteiligten – einschließlich ihm selbst – als guter Grund dafür betrachtet, dass er nicht das gleiche Recht zum Hier-Sein hat, wie dies ›Inländern‹ zukommt, dass er also zwar hier lebt und zur Schule geht, aber eben nicht ›hierher gehört‹.
2. Grundlage hierfür ist der besondere Status von Menschen, die eine Nation nicht als die ›Ihren‹ verbucht. Staaten verfügen nach ihren Kalkulationen, die von Staat zu Staat und innerhalb eines Staates nach unterschiedlichen Konjunkturen variieren können, wer in welcher Weise ›dazu gehört‹ und wer nicht. Sie lassen nach ihren politischen oder ökonomischen Nützlichkeitserwägungen Leute aus anderen Ländern zuwandern – als Asylsuchende, als qualifizierte Fachkräfte, die er für seine Wirtschaft als notwendig erachtet, oder als weniger qualifizierte, um seine Arbeiterschaft zu erweitern. Die auf seinem Territorium lebenden Menschen sortiert ein Staat in die ›Seinen‹ und in die ›Anderen‹ und macht hinsichtlich der diesen zukommenden Rechte und Pflichten erhebliche Unterschiede, was sich nicht nur in den eigens für die ›Anderen‹ erlassenen Ausländer-Gesetzen zeigt.
3. Für die so diskriminierten (= unterschiedlich behandelten) ›Ausländer‹ bedeutet dieses staatlich und gesellschaftlich dekretierte ›Nicht-Hierher-Gehören‹, dass ihr Aufenthalt in einer anderen als der ›eigenen‹ Nation ein Zugeständnis darstellt, lediglich geduldet ist und die Erlaubnis dazu jederzeit widerrufen werden kann. Das Wissen darum, dass man als ›Ausländer‹ je nach den wechselnden Kalkulationen der ›Gastgeber-Nation‹ hier leben, arbeiten, lernen etc. darf, dass zugleich dieses geduldete ›Hier-Sein‹ von heute auf morgen aufgekündigt werden kann, scheint dem Jungen in der Karikatur aufgegangen zu sein. Sein Gesichtsausdruck zeigt, dass die damit gegebene fundamentale Existenzunsicherheit eine bittere Lebensperspektive darstellt.
4. So will CSU-Generalsekretär Scheuer einen Mann am liebsten loswerden, obwohl der mit Fußballverein und Kirchengemeinde doch

anscheinend bestens zu ›uns‹ passt. Der Grund dafür: Erstens ist der Mann Senegalese, also kein Deutscher, und zweitens erfüllt er offenbar nicht die Kriterien »politischer Verfolgung« (Grundgesetz Artikel 16a), die das deutsche Asylrecht zur Bedingung für Asylgewährung macht. »Wirtschaftsflüchtling« ist das abwertende Etikett dafür – da ist jemand ›nur‹ davor geflohen, dass er und seine Familie in ihrem Land keine Lebensgrundlage haben. Das ist zynisch: Wenn jemand ›nur‹ vor materiellen Notlagen wie Hunger, Elend, Krankheit etc. flieht, hat er zu dieser Flucht kein Recht – jedenfalls nicht nach ›unseren‹ asylrechtlichen Maßstäben. Die legen fest, wie ein Flüchtling, der es bis zu ›uns‹ geschafft hat, behandelt wird – ob er bleiben darf oder in sein Elend zurückgeschickt wird, hängt ganz und gar davon ab, ob und wie er in das Schema passt, das der deutsche Staat für Ausländer erlassen hat. Auf dieser Grundlage wird dem Ausländer ein Status zugewiesen, der dann darüber entscheidet, ob und inwieweit jemand »hierher gehört« bzw. ob er jederzeit mit seiner Abschiebung rechnen muss.

»Es ist, liebe Freunde, eine Politik der menschlichen Überflutung. Ich weiß, das hören manche nicht gern, halten es für unmenschlich. Nein! Es ist die Wahrheit.«

Gauland, Rede in Elsterwerda, 5.6.2016

Karikatur 6

aus: Benz 2001: 11

Fragen:

Wer hat denn nun recht? Werden ›wir‹ »überflutet«, wie Herr Gauland meint? Oder sind die ›Fremden‹ unter uns so wenige, dass die Warnung vor der »Überfremdung« sich vor der geringen Zahl blamiert? Ist das eine Frage der Zählweise oder der Sichtweise? Wie viele Ausländer gibt es denn ›objektiv‹ bei uns?

Anteil der Ausländer pro Bundesland

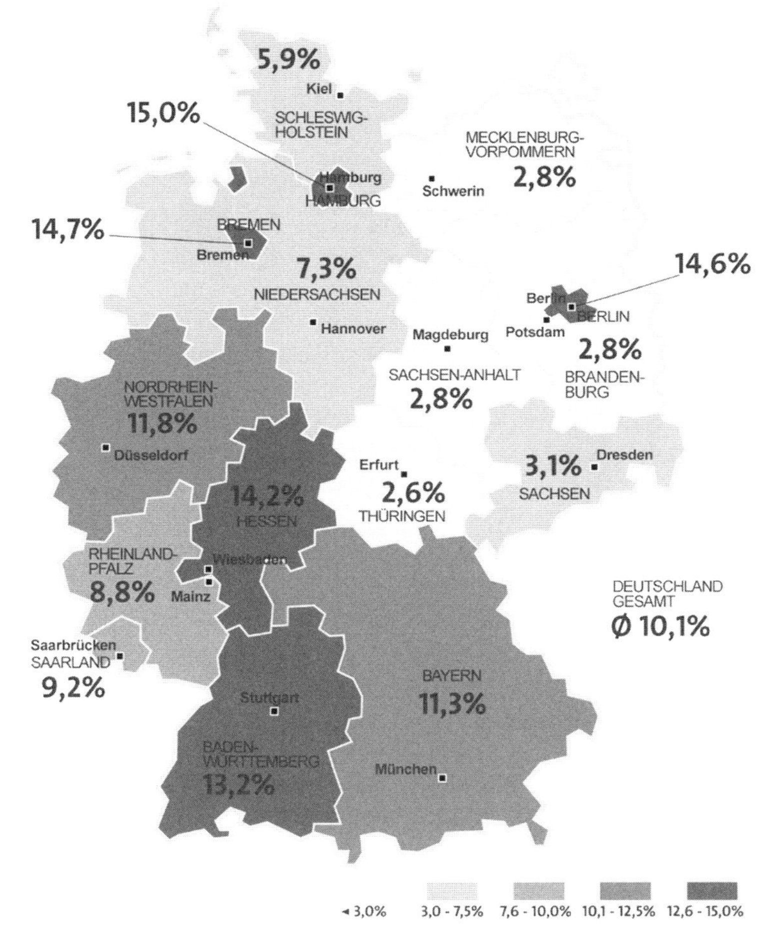

Quelle: Bundesamt für Statistik, Dezember 2013 (Einwohner); Bundesamt für Migration und Flüchtlinge (Ausländer), Dezember 2014

Fragen:
Was kann man diesen Zahlen entnehmen? Gibt es jetzt (zu) viele oder (zu) wenige Ausländer in Deutschland? Geben die Zahlen den Warnungen vor »Überfremdung« oder den Ent-Warnungen recht? Oder kann man die Zahlen so oder so interpretieren?

Thesen zu »Überfremdung« und »Überflutung«

1. Die Rede von »Überfremdung« und »Überflutung« gibt vor, Tatsachen zu konstatieren. Stattdessen stellen diese Warnungen ebenso wie die komplementären Ent-Warnungen unterschiedliche *Interpretationen* der gleichen Fakten dar. Es liegt ihnen also kein ›objektiver‹ Maßstab, sondern eine bestimmte Sichtweise auf die Zahl der in Deutschland lebenden Ausländer zugrunde.
2. Der Maßstab für die Bewertung ›Es sind zu viele!‹ besteht nicht im Mengen-Verhältnis ›Menschen pro Quadratkilometer‹ oder ›Menschen pro Wohnungen‹ oder ›Menschen pro Arbeitsplätze‹. Die Befürchtung, dass für zu viele Menschen der Platz in Deutschland ›objektiv‹ zu eng würde, kann nicht vorliegen – das sieht man schon an der umgekehrten Klage über die zu niedrigen Geburtenraten sowie an den immer wiederkehrenden Debatten über Familienförderung. An diesen Klagen wird deutlich: Es fehlen Menschen – allerdings müssen es die ›richtigen‹, die ›unseren‹ sein!
3. Der Maßstab für »Überflutung« lautet also: ›Wir wollen *die* nicht haben!‹ Die Ablehnung von Ausländern, das Bedürfnis nach Ausgrenzung, Draußenhalten der ›anderen‹, nicht zu ›uns‹ Gehörenden, ist nicht Ergebnis einer zu großen Zahl, sondern ist dem Unbehagen gegenüber Ausländern und der Warnung vor deren zu großer Anzahl *vorausgesetzt*. Nichts anderes als diese nationalistische Unterscheidung zwischen ›eigenen‹ (und deshalb erwünschten) und ›fremden‹ (und deshalb unerwünschten) Menschen, Kindern, Geburtenraten etc. wird geltend gemacht, wenn »Überfremdung« bzw. »Überflutung« wie objektive Sachverhalte ›konstatiert‹ werden.
4. Deshalb gilt für den Rechtsextremisten und radikalen Nationalisten, dass *ein* Ausländer schon zu viel und ›wir‹ (und ›unser Boot‹) mit ihm überlastet sind. Er hat nicht die Bevölkerungsdichte als solche im Auge, ihm geht es um das Verhältnis zwischen deutschem Volk und dem Rest der Völkerwelt. ›Wir‹ müssen mehr werden, weil ›wir‹ sonst ›aussterben‹! Wohlgemerkt: Hier wird nicht der Tod von Menschen befürchtet, sondern das (fiktive) ›Aussterben‹ eines Volkes an die Wand gemalt. Um dieses zu erhalten, müssen die ›anderen‹ draußen gehalten bzw. zurückgejagt werden – ohne Rücksicht auf die Frage, ob dies für die betroffenen Menschen unter Umständen den (realen) Tod bedeutet.

5. Politiker nicht nur der extremen Rechten berufen sich gerne auf die in Teilen der deutschen Bevölkerung vorhandene Angst vor ›Überfremdung‹ – und zeigen Verständnis: Klar, wenn es doch so viele Ausländer sind, die dem Deutschen in seiner Wohngegend, in der Fußgängerzone, im Wohnblock, in der Schule etc. über den Weg laufen und ihn mit ihrer ›Andersartigkeit‹ belasten, dann ›kann es ja nicht ausbleiben‹, dass fremdenfeindliche Gefühle entstehen. Interessanterweise ist es jedoch gar nicht so, dass die Ausländerfeindlichkeit dort am größten ist, wo sich die meisten Ausländer aufhalten. Vielmehr wird bisweilen vom Phänomen eines ›Ausländerhasses ohne Ausländer‹ gesprochen. Es scheint also auch beim ›Normalbürger‹ nicht von der Anzahl, sondern von seiner Einstellung *zu* Ausländern abzuhängen, wie er deren Anwesenheit beurteilt.

Wie viele Ausländer muss ein Fremdenhasser kennen?
Stellt man die Ausländerzahlen in den Bundesländern (siehe S. 135) der Anzahl rechtsradikaler Gewaltakte gegenüber, kann man feststellen, dass die Gewalttaten gegen Ausländer nicht mit dem Ausländeranteil in den verschiedenen Regionen Deutschlands korrespondieren, das Ausmaß von Hass und Gewalt gegen Ausländer also unabhängig davon ist, wie sehr oder wie wenig die Deutschen ›überfremdet‹ werden.

Gewalttaten mit rechtsextremistischem Hintergrund je 100.000 Einwohner

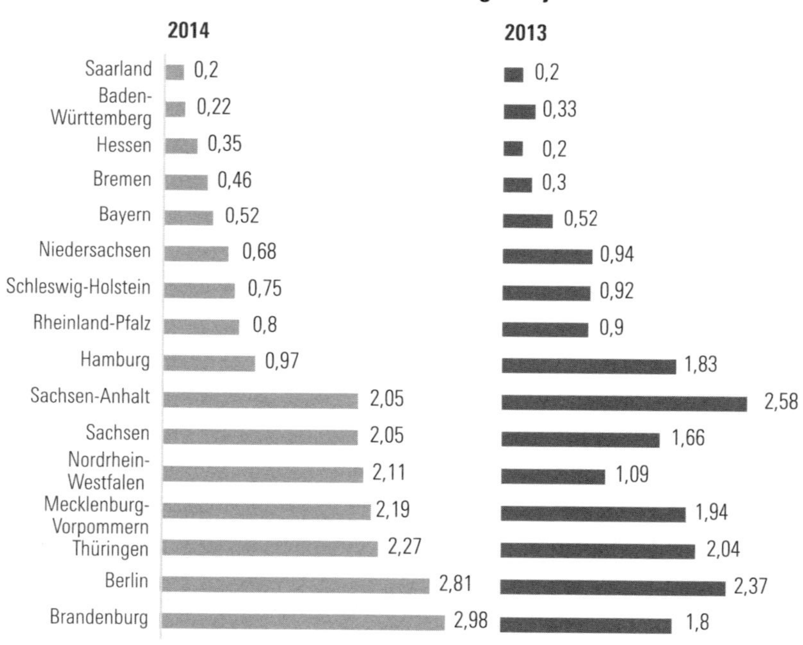

Quelle: BMI

Fragen:
Warum braucht man keinen Kontakt zu Ausländern, um sie zu hassen? Wenn man kaum welche antrifft – wie kommt man dann darauf, die Anwesenheit von Ausländern in Deutschland sei nicht auszuhalten? Oder kommt Ausländerfeindschaft etwa daher, dass man zu wenig Kontakt zu Ausländern hat, die Anwesenheit ›Fremder‹ also nicht gewöhnt ist?

Thesen zum Hass auf Ausländer

1. Ausländerfeindschaft beruht nicht auf den Erfahrungen, die ein Mensch mit ›Fremden‹ macht – weder in der Hinsicht, dass negative persönliche Erfahrungen (z.B. mit ›unangenehmen‹ Ausländern) oder die Anzahl der Ausländer in der eigenen Umgebung den Nährboden für Ausländerfeindschaft abgeben, weil zu wenig gelernt wurde, ›Fremde‹ auszuhalten. Auch die komplementäre Erfahrung mit zu wenigen Ausländern kann Ausländerfeindschaft begründen.
2. Die berühmten ›schlechten Erfahrungen‹, die von Ausländerhassern gerne als Begründung für ihre Einstellung angeführt werden, sind ziemlich gewollte und angestrengte Bemühungen, eine Haltung mit etwas zu begründen, was gar nicht den wirklichen Grund darstellt. Denn gute oder ›schlechte Erfahrungen‹ macht man nicht mit ›den Ausländern‹, sondern immer nur mit bestimmten Menschen – darunter mögen Ausländer sein oder auch Einheimische. Von solchen Erfahrungen darauf zu schließen, dass alle Ausländer hassenswert (oder umgekehrt: alle Deutschen nett) sind, geht gar nicht – es sei denn, man hat ohnehin die entsprechende Brille auf. Dann bestimmt die Unterscheidung in ›die Deutschen‹ oder ›wir‹ und ›die Ausländer‹ oder ›die anderen‹ die Auswahl und die Deutung der ›Erfahrungen‹. Dann werden die unangenehmen Ausländer, die man trifft, zum Beleg dafür, dass ›die Ausländer‹ eine einzige Zumutung sind – eine Verallgemeinerung, auf die man bei den ebenso leicht anzutreffenden unangenehmen Deutschen wohl kaum käme.
3. Dabei ist der umgekehrte Standpunkt, alle Ausländer sympathisch zu finden, genauso dumm und konstruiert: Dass alle Ausländer liebenswert seien, stellt eine ebenso absurde Verallgemeinerung dar wie die umgekehrte Behauptung, alle Fremden seien hassens- oder fürchtenswert. Die Logik ist die gleiche: Erfahrungen, die man mit Menschen macht, werden ins Fadenkreuz Deutsche-Ausländer eingeordnet bzw. eingezwängt und je nach vorab feststehender Bewertung für oder gegen ›die Ausländer‹ verbucht.
4. Dass Ausländerfeindlichkeit auch bzw. gerade in Gegenden grassiert, wo die ›Ausländerdichte‹ sehr gering ist, kann also nur denjenigen verwundern, der meint, die realen Erfahrungen seien die Quelle für Ausländerfeindlichkeit. In Wahrheit braucht man nicht einen einzigen Ausländer getroffen zu haben, um alle zu hassen. Das liegt daran, dass dem Hass auf alles Fremde eine nationalistische ›Grund-

satzentscheidung‹ zugrunde liegt. Wenn jemand sich entschieden hat, die eigene Nation für das Beste auf der Welt zu halten, auf das eigene Land mehr als auf alles andere stolz zu sein, dann hat man eine Brille auf der Nase, durch die alles eine deutsch-nationale Färbung bekommt. Dann hat man Freunde und Feinde, die sich nicht aus persönlicher Begegnung, aus persönlichem Nutzen oder Schaden ergeben, sondern aus der Zugehörigkeit zum eigenen oder zum fremden Land.

5. Dies betrifft deshalb sowohl Ausländer im Ausland als auch im Inland. So braucht ein Nationalist noch keinen Japaner oder Chinesen getroffen zu haben – trotzdem ›weiß‹ er, dass auch ›die Asiaten‹ mit ihren Dumpingpreisen genau so deutsche Arbeitsplätze vernichten wie die hier um Arbeit nachsuchenden Türken, Polen und sonstigen Ausländer. Die Ausländerfeindlichkeit lebt also von der radikalen Identifizierung der persönlichen Belange eines Individuums mit der Parteinahme für Deutschland. Dessen (wirkliche oder vermeintliche) Feinde werden automatisch zu persönlichen Feinden. Wenn man dann einen ›von denen‹ trifft, blühen der Nationalismus und die Liebe zur »deutschen Identität« auf – und wird je nach Radikalität praktisch gewalttätig: So wie die eigene Identität darin gesehen wird, Deutscher zu sein, so wird der andere damit identifiziert, dass er kein Deutscher, also ein Feind, ein Schädling ist, der bekämpft werden muss. Das heißt: Der Nationalismus, der die Menschheit einteilt in ›Eigene‹ (= Freunde) und ›Fremde‹ (= Feinde) und für den es keinen anderen Stolz gibt als den, »Deutscher zu sein«, stellt den Grund für Ausländerfeindlichkeit dar – und nichts sonst.

Die Ausländer nehmen den Deutschen die Arbeitsplätze weg! Oder doch nicht?

Dass Ausländer ›uns‹ angeblich die Arbeitsplätze wegnehmen, ist eine der verbreitetsten ausländerfeindlichen Parolen. Dies ruft Versuche auf den Plan, ›Fakten‹ dagegenzuhalten und die so angegriffenen Ausländer in Schutz zu nehmen. Diese ›Gegenrechnungen‹ erweisen sich bei näherem Hinsehen als untauglich und kontraproduktiv.

»Flüchtlinge nehmen uns die Jobs weg. Falsch! Der Arbeitsmarkt in Deutschland brummt. Zur Jahresmitte waren fast 43 Millionen Menschen erwerbstätig … Gleichzeitig waren bei den Arbeitsagenturen 589.000 Stellen als offen gemeldet.«

BILD, 26.8.2015

Fragen, Antworten und neue Fragen:

Diese Widerlegung erweist sich schon deshalb als untauglich, weil sie konjunkturabhängig ist: Wenn der »Arbeitsmarkt« nicht mehr »brummt« und die »offenen Stellen« zurückgehen – würde dann die Parole stimmen? Nehmen ›uns‹ dann ›die Ausländer‹ die Arbeitsplätze weg?

Mit der Gegenrechnung wird gar nicht der Standpunkt angegriffen, dass ›deutsche Arbeitsuchende‹ ein vorrangiges Recht auf die ›deutschen Arbeitsplätze‹ hätten. Es wird lediglich dementiert, dass dieses ›Recht‹ von ausländischen Konkurrenten bedroht würde: Wegen der guten Konjunktur sind für deutsche wie für ausländische Arbeitssuchende genügend ›Plätze‹ da! Deshalb gibt es Entwarnung: Nein, Ausländer nehmen uns Deutschen nicht die Arbeitsplätze weg – weil genügend da sind –, sodass es gar keinen ›Verdrängungswettbewerb‹ der einen durch die anderen gibt.

Aber stimmt das denn? Konkurrieren Ausländer wirklich nicht mit Deutschen um Arbeitsplätze? Und wenn es diese Konkurrenz, die mit Konjunkturdaten bestritten wird, doch gibt, hätten dann die Ausländerfeinde recht? Wie kann man Deutschen, die auf einen Arbeitsplatz angewiesen sind, klarmachen, dass sie einen Fehler machen, wenn sie Ausländer für ihre Gegner halten, weil die mit ihnen um Arbeitsplätze konkurrieren (müssen)?

Argumente gegen den Satz: ›Ausländer nehmen Deutschen die Arbeitsplätze weg‹

1) ›Arbeitsplätze wegnehmen‹

1. Wegnehmen kann man jemandem nur etwas, was dieser hat. Die Parole tut gerade so, als ›gehörten‹ die Arbeitsplätze in Deutschland denen, die sich um sie bewerben, weil sie von ihrer Arbeit leben müssen. In Wahrheit werden Arbeitsplätze von Unternehmern angeboten, letztere sind (wenn schon) die Besitzer der Arbeitsplätze. Aber Arbeitsplätze sind ohnehin keine Dinge, die einem gehören oder die man jemandem wegnehmen könnte. Der Deutsche, dem die Parole vom ›Arbeitsplatz-Wegnehmen‹ gefällt, sollte versuchen, dieses ›Ding‹ namens ›Arbeitsplatz‹ jemandem, der einen Arbeitsplatz hat, wegzunehmen – er wird feststellen, dass das selbst bei schlechtestem Willen gar nicht geht.
2. Ein Arbeitsplatz ist ein Verhältnis zwischen zwei Parteien: einer Firma, die aufgrund ihrer ökonomischen Kalkulationen einen Bedarf an Arbeitskräften hat und deshalb bereit ist, Arbeitnehmern einen gewissen Lohn zu zahlen, und Arbeitnehmern, die genau wegen dieses Lohnangebots für die Firma zu arbeiten bereit sind – ihr Lebensunterhalt hängt nämlich davon ab, dass sie Lohn bekommen, weshalb sie auch zu Recht ›Lohnabhängige‹ heißen. Um diese angebotenen Arbeitsplätze bzw. Verdienstmöglichkeiten konkurrieren Bewerber – je nach Branche und Qualifikationsanforderung mal mehr, mal weniger. Alle, die sich um einen Arbeitsplatz bewerben, sind in der gleichen Lage: Sie sind auf einen Arbeitsplatz angewiesen, um das Geld zu verdienen, das sie und gegebenenfalls ihre Familien zum Leben brauchen.
3. Wenn es weniger Arbeitsplatzangebote als Lohnabhängige gibt, herrscht Arbeitslosigkeit, das heißt: Viele, die auf einen Arbeitsplatz, genauer: auf das dort zu verdienende Geld, angewiesen sind, gehen leer aus. Wollen die so Betroffenen daran festhalten, dass ihr Lebensunterhalt an dem Gebrauchtwerden durch die Arbeitgeber hängt, gibt es zwei mögliche Sichtweisen: Sie können an den Arbeitsplatzangeboten kritisieren, dass es im Verhältnis zur Summe derer, die auf sie angewiesen sind, zu wenige sind, und dies etwa durch Umverteilung der angebotenen Arbeitsplätze auf mehr Lohnabhängige auszugleichen versuchen. Sie können aber auch darauf kommen, ihre Mit-Konkurrenten dafür zu kritisieren, dass diese zu viele sind. Dann

machen sie diejenigen für ihre Lage verantwortlich, die in genau der gleichen Lage sind wie sie selber.

4. Solche Entsolidarisierung beruht auf der praktischen und mentalen Befangenheit in der Logik der Konkurrenz: Weil sie aufgrund ihrer Abhängigkeit davon, dass ihnen eine Firma Lohn zahlt, gegen andere konkurrieren müssen, die das Gleiche wollen wie sie selber, erklären sie ihren Konkurrenten zu ihrem Gegner. Dessen Erfolg in der Bewerbung um einen Arbeitsplatz wird als persönliche Niederlage angesehen und umgekehrt. In der Logik der Konkurrenz stimmt das ja sogar: Wenn um wenige Arbeitsplätze viele konkurrieren, dann muss es mir recht sein, dass ich *anstelle des anderen* den Arbeitsplatz bekomme. Und wenn er ihn bekommen hat, dann hat er ihn *statt meiner* ergattert.
5. Dass die von Lohn Abhängigen gegen andere konkurrieren (müssen), beruht ja darauf, dass die Konkurrenten das Gleiche wollen (müssen) wie sie selbst – ›Konkurrenz‹ bedeutet, dass mehrere das Gleiche wollen, aber nicht alle erfolgreich sein können. Die gleiche ökonomische Lage bringt die Lohnabhängigen untereinander in einen Gegensatz. Diesen erklären die auf die Konkurrenz setzenden Lohnarbeiter üblicherweise zu ihrem eigenen, positiven Anliegen und tragen ihn praktisch wie ideologisch gegeneinander aus. Für ihr Interesse dienlicher wäre es aber, sich auf ihre Gemeinsamkeiten zu besinnen: Dass sie gleichermaßen auf Lohn angewiesen, dass sie also in der gleichen Lage sind, dass sie die identischen Interessen haben, könnte als Grund dafür begriffen werden, diese Interessen auch gemeinsam, also miteinander statt gegeneinander, zu verfolgen. Wie dies geschehen könnte, müsste dann unter den Lohnabhängigen geklärt werden, die sich von der Befangenheit in der Logik der Konkurrenz befreit haben und gewillt sind, die gemeinsame Interessenlage zur Grundlage für ihre Überlegungen und ihr Handeln zu machen.

2) ›Ausländer‹ und ›Deutsche‹

1. Nationalistische Gemüter bereichern dieses Verhältnis zwischen Menschen, die um Arbeitsplätze konkurrieren müssen, die also wegen ihrer identischen Interessen zu Gegnern werden, um die Unterscheidung zwischen Deutschen und Nicht-Deutschen. Der Fehler, den anderen als Konkurrenten zu bekämpfen, wiederholt sich hier – mit dem kleinen Zusatz, dass am ausländischen Konkurrenten ein

Unterschied entdeckt wird, den man als deutscher Nationalist für die Konkurrenzgegnerschaft ausschlachten will.

2. Für die Lage, in der sich beide Konkurrenten, Deutsche wie Ausländer, befinden, ist dieser Unterschied völlig unerheblich. Der Ausländer bewirbt sich nicht um einen Arbeitsplatz, weil er Ausländer ist, sondern weil er in der gleichen Abhängigkeit vom Lohnerwerb steht wie sein deutscher Kollege. Aber für die Optik des Deutschen, der im fremden Pass seines Konkurrenten ein Argument für sich wittert, stellt es sich so dar: Der Ausländer bewirbt sich um einen Arbeitsplatz, obwohl er Ausländer ist!
3. Für die Firma, die den begehrten Arbeitsplatz anbietet, ist dies kein ›Obwohl‹: Sie nimmt auch Ausländer – wenn es anders wäre, wäre der Ausländer ja kein Konkurrent. Aber der deutsche Nationalist will partout einen Widerspruch sehen, einen Skandal, den er nur durch folgende Verdrehungen hinbekommt: ›Die Arbeitsplätze in Deutschland gehören eigentlich den Deutschen. Wenn sich auch Ausländer um diese deutschen Arbeitsplätze bewerben dürfen, führt dies zu unberechtigtem Wettbewerb. Und wenn sie gar von der Firma angestellt werden, haben sie ›den Deutschen‹ den Arbeitsplatz ›weggenommen‹.
4. Die Parole »Ausländer nehmen den Deutschen die Arbeitsplätze weg« verknüpft also zwei Fehler zu einem Kampfruf: 1. Die gleiche Interessenlage wird auf Basis der Konkurrenz zum Argument dafür, dass der Konkurrent mir etwas streitig macht, was *mir* zusteht; deshalb ist er mein Gegner. 2. In der Schar der Konkurrenten wird eine bestimmte Gruppe ausgemacht, die nicht das gleiche Recht zu leben und zu arbeiten hat wie ich und die dafür verantwortlich gemacht wird, dass ich nicht zu der Verdienstmöglichkeit komme, auf die ich (genauso wie der Ausländer) angewiesen bin. So nimmt der Vertreter der ausländerfeindlichen Parole in Kauf bzw. er fordert geradezu, die nicht-deutschen Lohnabhängigen von jeder Verdienstmöglichkeit abzuschneiden und ihnen damit genau die Notlage zu bescheren, die der Deutsche von sich abwenden will.
5. Die Logik, die hier zur Anwendung kommt, ist in der Satire, »Katholiken nehmen Protestanten die Arbeitsplätze weg«, treffend charakterisiert. Als logisches Urteil hat die Unterscheidung zwischen deutschen und ausländischen Arbeitnehmern nicht mehr für sich als der Unterschied zwischen Protestanten und Katholiken. Demgegenüber verfügt aber die Sortierung von Deutsch und Nicht-Deutsch über

handfeste Gründe in der Gesellschaft: zum einen in den einschlägigen Gesetzen, zum anderen in dem nationalistischen Selbstbewusstsein seiner Bürger. In Anwendung der ihnen selbstverständlichen Unterscheidung in In- und Ausländer betätigen diese die Sorge um ihren Arbeitsplatz als Abwehr der in ihrer Perspektive unberechtigten, weil nicht-deutschen Konkurrenten.

6. Natürlich sieht der Nationalist nicht, dass in seiner Logik auch er vielen Ausländern den Arbeitsplatz ›wegnimmt‹. Er will ja darauf hinaus, dass ihm das im Unterschied zu den Ausländern auch zusteht! Aber genau darin täuscht er sich: Er ist genau wie seine ausländischen Kollegen auf Verdienstmöglichkeiten angewiesen – von zustehen oder gar ›gehören‹ kann keine Rede sein. Statt also gegen seinesgleichen – deutsche oder ausländische Lohnabhängige – als Konkurrenten vorzugehen, sollte er solidarisch mit diesen versuchen, die gemeinsam geteilte Lage zu verbessern.
7. Die These von den »Modernisierungsverlierern« legt fälschlicherweise nahe, dass die schlechte soziale und ökonomische Lage von Menschen quasi automatisch dafür sorgt, dass nicht dieser solidarische, sondern der gegenteilige nationalistische Schluss aus ihr gezogen wird. Von der Unzufriedenheit mit der eigenen sozialen Lage (»sozialer Abstieg«, »Erwerbslosigkeit«) gibt es aber keinen ›automatischen‹, geschweige denn ›naheliegenden‹ oder gar ›logischen‹ Übergang zur Auffassung, dass die ›Ausländer uns Deutschen die Arbeitsplätze wegnehmen‹ – es sei denn, man betrachtet die eigene Lage von vornherein durch die nationalistische Brille. Dann – aber auch nur dann – wird die eigene Lage als die eines anspruchsberechtigten ›Deutschen‹ gesehen, die wegen der Mitkonkurrenz von nicht-anspruchsberechtigten Nicht-Deutschen so unbefriedigend ausfällt. Dass »Menschen, die vom sozialen Abstieg bedroht sind oder diesen bereits erfahren mussten«, also z.B. »Erwerbslose«, stärker zu rechtsextremen Einstellungen »neigen«, liegt einfach daran, dass hier zwei Dinge zusammenkommen: eine unbefriedigende bzw. verzweifelte Lage *und* ein Denken, das es sich angewöhnt hat, alles – die eigene Lage wie den Rest der Welt – auf nationalistische Weise zu interpretieren.

Fazit zu den Begründungen der Ausländerfeindlichkeit

Die Gründe, die Fremdenhasser für ihre Einstellung vorbringen, leisten nicht, was sie vorgeben. Sie widersprechen sich, sind offensichtlich kontrafaktisch und können nicht der wirkliche Grund für den Standpunkt sein, den sie angeblich begründen. Sie leisten ihre Dienste als Bebilderung eines vorab eingenommenen Standpunkts: der Ineinssetzung von Person und Nation. Wenn Menschen in Deutsche und Ausländer unterschieden werden, wenn das eine als Privileg und das andere als Makel betrachtet wird, dann – und nur dann – machen Ausländer alles falsch, dann »gehören sie nicht hierher«, dann sind sie ein »Armutszeugnis« für Deutschland, dann »überfluten« sie uns und nehmen ›uns‹ die Arbeitsplätze weg, dann sind es immer zu viele, egal wie viele sie wirklich sind – kurz: Sie sind einfach nicht auszuhalten.

Rechtsradikale greifen die verbreitete Ausländerfeindschaft auf und machen mit ihr brutal Ernst: Wenn Ausländer doch an all dem schuld sein sollen, was »deutschen Volksgenossen« zu schaffen macht, dann muss man sie konsequent und gnadenlos bekämpfen. Dies geht bis hin zu Aufrufen, sie zu »töten«, zu »schänden« und zu »vernichten«, ihnen das Leben in Deutschland zur Hölle zu machen – wobei es nicht bei den Aufrufen bleibt. In den Gewaltakten gegen Ausländer bestätigen diese rechtsradikalen Ausländerhasser allen Beteiligten – sich selbst, den Ausländern und den »deutschen Volksgenossen« – die Gültigkeit der radikal-nationalistischen Gleichung von Person und Nation. Dass es ein Privileg und ein Glück sein soll, Deutscher zu sein, versuchen sie, wenigstens negativ wahrzumachen – es ist tatsächlich ein Pech, Ausländer in Deutschland zu sein und diesen Figuren in die Hände zu fallen.

b) Regierungsamtliche Ausländerpolitik – nach Nützlichkeit sortieren und »integrieren«

Karikatur 7

Ich habe nichts gegen
Neger, wirklich nicht!
Einige meiner besten Neger
sind Freunde.

Robert Gernhardt 1999: 261

Fragen:
Warum hat dieser weiße Mann »nichts gegen Neger«? Was schätzt er am »Neger«? Und worin unterscheidet er sich von Herrn O'Connor, dem Propagandisten der Sklaverei von 1859 (s.o., S. 91)?

»Wir brauchen mehr Ausländer, die uns nützen, und weniger, die uns ausnützen.«

Günther Beckstein, damals bayerischer Innenminister, zit. n. Süddeutsche Zeitung vom 7.7.2000

Fragen:
Worin sind sich der weiße Mann in der Karikatur und Herr Beckstein einig? Was setzt die offizielle deutsche Politik an die Stelle der pauschalen Ausländerfeindlichkeit von Rechts?

Karikatur 8

Thomas Plaßmann

Fragen:
Was hat der fremdländisch aussehende Mann denen getan, die auf ihn einschlagen? Warum fällt der Rentner den rechten Schlägern in den Arm? Und was wird aus allen Beteiligten, wenn der Fremde nichts zur Rente beiträgt?

Thesen zum Maßstab demokratischer Ausländerpolitik: Nutzen für die Nation

Der weiße Mann hat »nichts gegen Neger«, weil er sie benutzt und ausbeutet: Ihre Brauchbarkeit liefert den Maßstab für die ›Wertschätzung‹, die er ihnen entgegenbringt. Dies ist unmittelbar als Zynismus kenntlich: Die Ablehnung einer rassistisch-feindseligen Einstellung »gegen Neger« und deren positive Beurteilung fallen zusammen mit der Freude darüber, über sie zum eigenen Nutzen verfügen zu können. Im Unterschied zu Herrn O'Connor (siehe im Kapitel Argumente gegen Rassismus, insbes. S. 91) braucht dieser Weiße also keine weitschweifige ›Theorie‹ über die »Natur des Negers«, um die Sklaverei zu rechtfertigen. Der Nutzen, den er aus dem Über- und Unterordnungsverhältnis zum »Neger« hat, ist ihm Rechtfertigung genug.

Ähnlich schnörkellos begründet Herr Beckstein den Standpunkt der offiziellen Ausländerpolitik: An die Stelle pauschaler rechter Ausländerfeindlichkeit setzt er den Nutzen, den ›wir‹ von Ausländern haben wollen, als das Kriterium dafür, wie mit ihnen umgegangen wird. Der damalige bayerische Innenminister versucht erst gar nicht, den von ihm propagierten Umgang mit Ausländern moralisch zu rechtfertigen – etwa als helfende Tat gegenüber Menschen, die dem Elend ihrer Heimat entfliehen wollen. Viel schlichter geht es ihm darum, zu sortieren zwischen solchen Ausländern, die ›wir‹ ausnutzen können – die sollen her –, und solchen, die umgekehrt nur ›uns‹ ausnutzen – die sollen wegbleiben bzw. müssen 'raus.

Die Karikatur, in der der Rentner den rechten Gewalttätern in den Arm fällt, spitzt die entscheidende Differenz zwischen diesem und dem Umgang mit Ausländern, wie ihn Rechtsextreme verlangen, zu. Letztere setzen die staatlich getroffene und von ihnen rassistisch und »identitär« überhöhte Unterscheidung in Deutsche und Ausländer absolut: Die gehören nicht hierher! Ihre bloße Anwesenheit ist der Skandal, den die rechten Schläger gleich selber mit ihren privaten Gewaltaktionen gegen ›Fremde‹ aus der Welt bzw. aus Deutschland schaffen wollen. Dagegen betrachtet die offizielle Politik Ausländer differenzierter: Sofern sie für Deutschland politisch – als Asylsuchende bzw. Flüchtlinge – oder ökonomisch – als Arbeitskräfte, die die deutsche Wirtschaft voranbringen und die ›Sozialsysteme stärken‹ – nützlich sind, dürfen sie sich in Deutschland aufhalten. Das ist der ›weltoffene‹ Standpunkt, den Rechte für einen Verrat am ›deutschen Volk‹ halten.

Der Rentner vertritt diesen Standpunkt exemplarisch: Er hält die Gewalt gegen den Ausländer deshalb für nicht gerechtfertigt, weil der Attackierte möglicherweise einen Nutzen für ihn, den deutschen Rentner, haben könnte. Das Zynische am Lob der Ausländer für ihre Nützlichkeit und am entsprechenden Argument gegen ausländerfeindliche Gewalt wird in der Karikatur ›schlagend‹ deutlich: Nicht die Gewalt als solche ist der Skandal, sondern Gewalt gegen jemanden, der mir von Nutzen ist! Der Schaden, den es zu vermeiden gilt, besteht nicht in erster Linie aufseiten des Opfers – das eigentliche Opfer, der eigentlich Geschädigte, ist vielmehr der deutsche Rentner, der um seine Rentenzahlung fürchtet! In dem Moment, wo der Rentner bzw. die Politik, für die er steht, keinen Nutzen mehr im Ausländer sieht, hört auch – das macht Herr Beckstein deutlich – für sie die Parteinahme für Ausländer auf. Die werden dann nicht verprügelt, sondern abgeschoben bzw. gar nicht erst aus ihrem Elend nach Deutschland gelassen.

Die pauschale rassistische bzw. völkische Ablehnung von ›Fremden‹ gilt in modernen Staaten als überholt. Eine vorurteilsfreie Besichtigung und Auslese von potenziell nützlichen Menschen hat sich als viel effektiver und nützlicher für die Nation erwiesen. Dass sich z.B. Asiaten für das Löten oder Programmieren von Computern nicht gebrauchen ließen – dieses rassistische Vorurteil haben die modernen Staaten abgelegt. Solche ›engstirnigen‹ nationalistischen Vorbehalte gegenüber ›fremden Rassen‹ passen nicht zu Weltmarkt und Globalisierung, die gerade für Deutschland der Erfolgsweg waren und sind: Heutige moderne Regierungen sind Internationalisten im Gebrauch von Natur und Menschen auf der ganzen Welt – in ihrem nationalen Interesse.

Das Integrationsgesetz

Als Reaktion auf die bis zu einer Million Flüchtlinge, die 2015 in Deutschland angekommen waren (offiziell registriert wurden 890.000), diskutierte und verabschiedete die Bundesregierung ein »Integrationsgesetz«. Darin werden die Bedingungen formuliert, von deren Erfüllung der deutsche Staat ein »Bleiberecht« der Flüchtlinge bzw. ihr Recht auf »Daueraufenthalt« in Deutschland abhängig macht. Um den Flüchtlingen die im Gesetz geforderte »Integration« zu erleichtern, sollen gleichzeitig Integrationsmaßnahmen auf den Weg gebracht werden.

»Anerkannte Flüchtlinge sollen nicht mehr wie bisher nach drei Jahren automatisch ein Bleiberecht erhalten. Die sogenannte Niederlassungserlaubnis soll es künftig erst nach fünf Jahren geben – unter der Voraussetzung, dass ausreichende Sprachkenntnisse und ein sicherer Lebensunterhalt nachgewiesen werden. Nach drei Jahren kann nur noch derjenige den Daueraufenthalt bekommen, der ein fortgeschrittenes Sprachniveau erreicht und für seinen Unterhalt selbst sorgen kann. …

Flüchtlinge, die einen Ausbildungsplatz haben, sollen für die Dauer der Ausbildung einen sicheren Aufenthaltsstatus bekommen. Werden sie übernommen, bekommen sie nach dem Abschluss für weitere zwei Jahre einen sicheren Aufenthalt. Schließt sich keine Beschäftigung an, gibt es einen sicheren Aufenthalt für ein halbes Jahr zur Arbeitsplatzsuche. …

Menschen, die eine gute Bleibeperspektive haben, sollen möglichst zügig in unsere Gesellschaft und in den Arbeitsmarkt integriert werden. … Dabei liegt der Schwerpunkt auf dem Erwerb der deutschen Sprache sowie einer dem deutschen Arbeitsmarkt gerecht werdenden Qualifizierung der betroffenen Menschen. … Der deutsche Arbeitsmarkt benötigt eine Vielzahl von Fachkräften. Dieser Bedarf kann auch durch die nach Deutschland kommenden schutzsuchenden Menschen teilweise abgedeckt werden. …

Die Bundesregierung will im Programm ›Flüchtlingsintegrationsmaßnahmen‹ 100.000 Ein-Euro-Jobs für Flüchtlinge schaffen. Ziel ist laut Gesetzentwurf eine ›niedrigschwellige Heranführung‹ an den deutschen Arbeitsmarkt. Gleichzeitig soll die Bundesagentur für Arbeit Flüchtlinge zur Wahrnehmung zumutbarer Jobs verpflichten können. Es drohen Leistungskürzungen, wenn Maßnahmen ausgeschlagen werden. Gewährt würden dann nur noch Leistungen zur Deckung des unmittelbaren Bedarfs und nur als Sachleistungen.«

Entwurf der Bundesregierung zum Integrationsgesetz, zit. n. WDR, 24.3.2016; das Gesetz wurde im Juli 2016 beschlossen.

Fragen:
Wovon wird das »Bleiberecht« von Flüchtlingen abhängig gemacht? Was ist eine »gute Bleibeperspektive«? Wem oder was müssen die »betroffenen Menschen« »gerecht werden«? Und was geschieht mit ihnen, wenn sie das nicht hinbekommen?

»Vizekanzler Sigmar Gabriel (SPD) sprach von einem ›echten Paradigmenwechsel in Deutschland‹. Der Staat gehe offensiv auf jene zu, die nach Deutschland kämen. Die Botschaft an Flüchtlinge sei: ›Wenn Du Dich reinhängst, dann wird hier was aus Dir.‹ Das Integrationsgesetz sei ein erster Schritt in Richtung Einwanderungsgesetz.«

tagesschau.de

»Andrea Nahles (Bundesarbeitsministerin, SPD) sagte, das Gesetz sei ein ›fairer Deal‹. Der leichtere Zugang zum Arbeitsmarkt sei der beste Weg zur Integration.«

FAZ, 4.6.2016

Fragen:
Worin besteht der »Paradigmenwechsel« des Integrationsgesetzes? Welche Beteiligten haben sich auf welchen »Deal« geeinigt? Und inwiefern ist er »fair«?

Thesen zu »Integration« im Sinne des Integrationsgesetzes

1. Das Integrationsgesetz hat erkennbar zwei Seiten: Zum einen wird damit bestimmten Ausländern, vor allem Flüchtlingen bzw. Asylsuchenden, das Recht zugesprochen, in Deutschland zu bleiben. Zum anderen werden beschränkende Bedingungen aufgestellt, von deren Erfüllung diese Berechtigung abhängig gemacht wird. Diese Bedingungen beziehen sich eindeutig darauf, dass die Flüchtlinge per Ausbildung und Arbeit für ihren Lebensunterhalt sorgen, d.h. nicht ›unseren Sozialsystemen zur Last fallen‹, sich vielmehr für Deutschlands Wirtschaft nützlich machen. Dann – und nur dann – steht ihnen ein Recht auf »sicheren Aufenthalt« zu. Die vom deutschen Staat gewährte Gnade, sich als Flüchtling ›bei uns‹ aufhalten zu dürfen, obwohl man aus einem anderen Land stammt, wird also gleich an den Nutzen geknüpft, den ›wir‹ davon haben.
2. Damit stellt das Gesetz insofern einen »Paradigmenwechsel« dar, als es früher Asylsuchenden und Flüchtlingen eine ganze Zeit lang verboten war, eine Arbeit aufzunehmen – Ausgrenzung statt Integration und in gewisser Hinsicht auch Abschreckung war das Prinzip, damit »Wirtschaftsflüchtlinge« nicht meinen, sich in ›unseren‹ Arbeitsmarkt einschleichen zu können. Jetzt sollen Flüchtlinge »möglichst zügig« eine Arbeit aufnehmen, sofern sie den deutschen Maßstäben für die Anerkennung als Flüchtling bzw. Asylberechtigter genügen – dann haben sie nämlich eine »gute Bleibeperspektive«. Die »Gesellschaft«, in die hinein sie integriert werden sollen, erweist sich also im Wesentlichen als »Arbeitsmarkt«, in den die Flüchtlinge ›eintreten‹ dürfen und sollen. Das heißt: Sie sollen sich »integrieren« in eine Konkurrenz um Arbeitsplätze, für die sie einerseits schlechtere Voraussetzungen (Sprache, anerkannte Schulabschlüsse etc.) mitbringen als ihre deutschen Mitbewerber, und deren Ausgang andererseits (noch) dramatischere Konsequenzen hat als für Deutsche: In ihrem Fall hängt vom Erfolg in dieser ›Konkurrenz um Arbeit‹ ab, ob sie in Deutschland bleiben dürfen oder ob sie in die Weltgegend zurück müssen, aus der sie aus gutem Grund geflohen sind.
3. Diese Zwangslage als tolles Angebot darzustellen, wie es der damalige Wirtschaftsminister Gabriel tut, grenzt an Zynismus – zumal es gar nicht stimmt, dass von dem Einsatz der Flüchtlinge abhängt, »was aus ihnen wird«. Diese Behauptung, dass in der Konkurrenzgesellschaft »jeder seines Glückes Schmied« wäre, trifft ja auch für

die deutschen Lohnabhängigen nicht zu: Wie weit sie mit ihren Anstrengungen kommen, hängt nicht von ihnen ab, sondern von dem Arbeitgeber, der über ihre Bemühungen und Anträge nach seinen Kalkulationen entscheidet. Und selbst wenn jemand den Ansprüchen eines Arbeitgebers entspricht, kommt es immer noch darauf an, wie viele der von denen, die sich um eine Stelle bemühen, braucht und wie viele um diese Stelle konkurrieren. Dass vom »Reinhängen« das »Glück« eines Arbeitsplatzes abhängt, stimmt nur in (logisch) negativer Hinsicht: Wenn man sich *nicht* »reinhängt«, sich nicht um einen guten Bildungsabschluss bemüht, sich nicht herrichtet zum nützlichen Arbeiter für einen ›Arbeitgeber‹ – dann hat man in der Konkurrenz gleich verloren. Aber das positive Ergebnis dieser notwendigen Bemühungen hat man überhaupt nicht in der Hand, sondern darüber entscheiden andere nach ihren Kriterien.

4. In diese ›schöne Welt‹ der Konkurrenz um den Lebensunterhalt sollen sich die Flüchtlinge also »integrieren«. Das bedeutet praktisch: Ihnen fällt die Aufgabe zu, sich hinsichtlich Sprache, Ausbildung, Anpassung an die Leistungsansprüche in deutschen Betrieben und nicht zuletzt mit der Bereitschaft zur Annahme auch wenig attraktiver Stellen so zurechtzumachen, dass sie zu den Nutzenrechnungen der Nation passen. Dass sie dafür denkbar schlechte Voraussetzungen mitbringen, stellt die Bundesregierung in Rechnung: Sprach- und Integrationskurse werden angeboten sowie ein »niedrigschwelliger« Einstieg in den Arbeitsmarkt dadurch ›gewährt‹, dass sie höchstens einen Euro pro Stunde kosten. In diese Großzügigkeit ist eingeschlossen, dass »gleichzeitig« die Ablehnung »zumutbarer« Jobs und anderer »Maßnahmen« mit Leistungskürzung bestraft wird. Diesen »Deal« hat sich ziemlich einseitig die Regierung ausgedacht – und findet ihn »fair«, weil das Interesse der Flüchtlinge, nicht in ihr Elend zurückgeschickt zu werden, mit dem Interesse der Regierung verknüpft wird, dass die Flüchtlinge sich für Deutschland nützlich machen sollen. Was sie dafür an Anpassungsleistungen zu erbringen haben, wird ihnen – da ist sich die Ministerin offenbar sicher – der Sachzwang der Konkurrenz schon beibringen: Der »Arbeitsmarkt« ist in jeder Hinsicht »der beste Weg zur Integration«.
5. »Integration« ist offenbar nichts anderes als die Anpassung von Menschen an die Ansprüche der Nation. In der Hinsicht unterscheiden sich Ausländer von Deutschen nicht: Auch die Deutschen müssen sich für die Ansprüche der Instanzen zurechtmachen, die über Ar-

beitsplätze, also über die Bedingung für Leben und Lebensunterhalt, verfügen und über den Zugang zu ihnen entscheiden. Auch die deutschen Schüler, Studenten, Arbeitssuchenden müssen sich bemühen, den Vorgaben der Arbeitgeber in Wirtschaft und Staatsverwaltung zu genügen. In diese Welt der Abhängigkeit von übergeordneten Instanzen und der Konkurrenz darum, da irgendwie unterzukommen, dürfen sich auch vom Ausland kommende Flüchtlinge integrieren – alles kein guter Grund für deutsche Lohnabhängige, ausgerechnet in ihren ausländischen Kollegen die Schuldigen an der gemeinsamen Misere auszumachen.

»Geräuschlose Integration«, wie ›wir‹ sie lieben

»Die ›russlanddeutschen‹ Einwanderer gelten als gut integriert. ›Natürlich gab es auch bei den Russlanddeutschen Schwierigkeiten, besonders am Anfang ... Ein Problem war die Anerkennung der Abschlüsse. Aus studierten Lehrerinnen wurden Putzfrauen. Viele haben das ohne Murren hingenommen, auch das eine Erklärung für die geräuschlose Integration.«

Frankfurter Allgemeine Sonntagszeitung, 5.6.2016

Fragen:

Welche Leistung wird an den »gut integrierten russlanddeutschen Einwanderer« hochgehalten? Inwiefern sollen sich die heutigen »Einwanderer« daran ein Beispiel nehmen? Und was wird an diesem Paradebeispiel gelungener Integration über deren Prinzip deutlich?

Thesen zu Integration und Gesellschaft

1. Die Hauptleistung der Migranten bezüglich Integration besteht offenbar darin, ohne zu »murren«, alles zu schlucken, was ihnen an Ansprüchen entgegentritt – dann muss die Lehrerin eben putzen. Verlangt wird von denen, die sich möglichst »geräuschlos« integrieren dürfen, die Bereitschaft, eigene Vorstellungen von ihrem Leben hintanzustellen bzw. ganz aufzugeben, genauer: anzupassen an die Anforderungen, die andere stellen – das ist das Prinzip von Integration.
2. Der Grund dafür hat gar nichts mit der besonderen Lage von Flüchtlingen, Asylsuchenden etc. zu tun: Dieses Schicksal teilen sie mit ihren deutschen Kollegen, was man nicht nur an Taxi fahrenden oder putzenden Akademikern mit deutschem Pass besichtigen kann. Das liegt vielmehr an der Gesellschaft, in die hinein sich In- wie Ausländer zu »integrieren« haben – über Arbeitsplätze und Lebensperspektiven entscheiden andere als die, die von ihnen abhängen. Und der Maßstab, der dabei an alle Abhängigen angelegt wird, ist für In- wie für Ausländer im Prinzip der gleiche – das ist der Nutzen, den sie den wirklich gültigen Ansprüchen bringen.

c) Unterschied und Gemeinsamkeit zwischen Rechtsextremen und Regierungsparteien: »Parallelgesellschaften«, »Leitkultur« und »Toleranz«

»In Berlin existiert eine Parallelgesellschaft aus arabischen Großfamilien, die ihre eigene Rechtsprechung und wenig bis kein Vertrauen in den deutschen Staat haben. ... Unterwegs in der Neuköllner Sonnenallee in Berlin. Im Restaurant gibt es Schawarma, Halloumi und Falafel, an den meisten Läden gibt es arabische Beschriftungen, es gibt Supermärkte mit Spezialitäten aus dem Libanon, aus Syrien oder Palästina.

Die meisten Menschen hier in der Sonnenallee sind arabisch, die meisten Ladeninhaber auch, vielleicht 10% der Menschen hier sind Deutsche. Hier in Berlin ist die Gegend rund um die Sonnenallee in Neukölln und Kreuzberg arabisch, die nennen die Sonnenallee arabische Straße.«

Deutschlandfunk.de, 15.4.2016

Fragen:
Ist es nicht sinnvoll, dass die in Deutschland lebenden »arabischen Menschen« in einem Stadtteil leben und z.B. die Produkte im Supermarkt mithilfe ihrer Sprache identifizieren und einkaufen können? Dass sie in Restaurants Gerichte bestellen können, die sie gewohnt sind und die ihnen schmecken? Wäre man denn zufrieden, wenn die arabischen Neubürger in deutsche Restaurants gingen? Was also stört an »Parallelgesellschaften«? Gibt es nicht im Lande auch ohne Ausländer jede Menge Parallelgesellschaften, gegen die man nichts hat?

»Zusammenhalt durch Leitkultur: Gemeinsame Basis für Alltag, Kultur und Religion!

Leitkultur steht für den gelebten Grundkonsens in unserem Land ... Die gelebte Leitkultur in der offenen Gesellschaft umfasst die Grundregeln des Zusammenlebens und macht sie verbindlich. ... Wer bei uns lebt, muss die Leitkultur unseres Landes respektieren. ... Bei uns ist es üblich, dass man andere Menschen mit einem Händedruck begrüßt und mit einem Gruß verabschiedet.«

Kernsätze aus »Die Ordnung. Grundsatzprogramm der CSU«, 2016

Fragen:

Gibt es die »gemeinsame Basis« oder *soll* es sie geben? Bezeichnet »Leitkultur« also den »gelebten Grundkonsens in unserem Land« – oder soll mit dieser Parole »Kultur« zur Vorschrift gemacht werden? Welche Qualität macht ›unsere‹ Kultur so fraglos zur allgemeinen Leitlinie? Und wieso ist es so schlimm, wenn sich Menschen in Deutschland anders begrüßen und verabschieden als mit einem »Händedruck«?

Thesen zu »Leitkultur« und »Parallelgesellschaften«

1. Der Begriff »Leitkultur« enthält zum einen die Lüge, es gebe so etwas wie eine im »Alltag« praktizierte einheitliche *Kultur*, die ›uns Deutsche‹ eint und ›uns‹ als Leitlinie und Richtschnur dient. Zugleich wird hier erkennbar eine Forderung erhoben: So wie ›man‹ (angeblich) in Deutschland isst und betet, sich anzieht und Musik macht etc., so *hat* man zu essen, zu beten, sich anzuziehen und Musik zu machen! Es findet also eine Verschiebung statt von dem, was ›bei uns‹ angeblich ›normal‹ ist, dahin, dass dies zur *Norm*, zur Vorschrift erhoben wird.
2. Welche Qualität ›unsere‹ Kultur vor anderen auszeichnet, sodass die CSU sich berechtigt sieht, sie zur allgemeinen Vorschrift zu machen, ist klar: Es sind nicht ihre Inhalte und deren Vorzüge gegenüber anderen Kulturinhalten – was z.B. für den Händedruck, den auch viele Deutsche so gar nicht (mehr) »leben«, und gegen z.B. die Verneigung als Begrüßungsritual spricht. Die entscheidende und maßgebliche ›Qualität‹ ›unserer‹ Kultur ist schlicht, dass es ›unsere‹ ist.
3. Es ist genau dieser Anspruch auf Alleingültigkeit der ›deutschen (Leit)Kultur‹, der davon abweichende Verhaltensmuster und Kulturformen mit Argwohn betrachtet und da, wo sie sichtbar werden, untragbare »Parallelgesellschaften« entdeckt. Dass »Araber« oder Türken anders sprechen, glauben, essen und sich kleiden, dass sie andere Musik hören, andere Zeitungen lesen etc., gilt nicht einfach als Unterschied, sondern als Verstoß gegen den Anspruch der »Leitkultur«: »Parallelen« zu ›unserer‹ Kultur hat es nicht zu geben – auch wenn nicht ersichtlich ist, bei welcher Sorte »Alltag« Deutsche dadurch behindert werden, dass andere eine andere Weise haben, ihren Alltag zu leben. Es wird ja kein Deutscher gezwungen, im arabischen Supermarkt einzukaufen – und vom Gang in ›seine‹ Kneipe hält ihn auch kein Araber ab, wenn der in *seine* Kneipe geht.
4. Nimmt man den Begriff »Parallelgesellschaft« einmal wörtlich, so ist Deutschland voll von »Parallelgesellschaften«, d.h. von Gruppen innerhalb der Gesellschaft, die sich durch ihre Lebensgewohnheiten von anderen unterscheiden und zumeist auch bewusst abgrenzen: Karnevalsvereine und Sado-Maso-Gruppen, Burschenschaften und Biker-Vereine bis hin zu christlichen Klöstern, um nur einige zu nennen. Der Verdacht, dass sich dabei Leute zusammenrotten, die einen »Grundkonsens« verletzen und dadurch die »Basis« unseres

»Zusammenlebens« gefährden, kommt hier nicht auf. Für die Kritik an »Parallelgesellschaften« mithilfe des Maßstabs »Leitkultur« muss man also schon vorher wissen, gegen wen man sich richten will.

5. Das prinzipielle Misstrauen gegenüber fremden Kulturen und »Parallelgesellschaften« hat durch die Anschläge auf das World-Trade-Center in New York und die Terrorattacken des »Islamischen Staates« in Europa eine neue Bedeutung bekommen. Seitdem die Bedrohung durch islamistische Terroristen besteht, gilt alles, was irgendwie fremd und muslimisch ist, als potenzielle ›islamistische Gefahr‹. Dieser Generalverdacht gegen Mitbürger muslimischen Glaubens ist von den Muslimen kaum zu entkräften: Gerade dann, wenn sie ihren Sitten und Gebräuchen dort nachgehen, wo diese hingehören – in ihrer Privatsphäre, d.h. ihrer Freizeit, ihren Freundschafts- und Verwandtschaftsbeziehungen, ihren religiös-kulturellen Gemeinschaften und Stadtvierteln –, machen sie sich verdächtig, eine ›abgeschottete Gemeinschaft‹, eine integrationsunwillige »Parallelgesellschaft« zu bilden.

»Toleranz« und Fremdenfeindlichkeit – (k)ein Gegensatz

»Heute sind wir tolerant, morgen fremd im eigenen Land.«
Pegida-Parole; Zitat aus folgendem Lied:

»Tolerant und geisteskrank«
»Immer toleranter, immer geisteskranker.
Heute tolerant und morgen fremd im eigenen Land.
Tolerant und geisteskrank, mit Vollgas in den Untergang.
Tolerant und geisteskrank, ein allerletzter Abgesang.«
Gruppe »Gigi und Die Braunen Stadtmusikanten«

Fragen:
Wieso gilt Rechten »Toleranz« als »Verrücktheit«? Sind wir ohne Fremde ›daheim‹ im »eigenen Land«? Egal wie die Lebensbedingungen dort aussehen – Hauptsache, niemand zwingt uns, tolerant zu sein?!

»Leitkultur steht für den gelebten Grundkonsens in unserem Land: die Werteordnung und Prägung des Landes anerkennen; die Religionsfreiheit und ihre Grenzen achten; kulturelle Traditionen respektieren; andere Lebensweisen tolerieren; sich an die Gepflogenheiten des Alltags halten; sich auf Deutsch verständigen. Die Gepflogenheiten des Alltags sind zu beachten. …

Integration muss Toleranz lehren und Loyalität einfordern …

Wir wollen, dass Zuwanderer nach unseren Regeln leben. Integration bedeutet Orientierung an unserer Leitkultur, nicht Multi-Kulti. Wir lehnen Multi-Kulti ab. Ein multikulturelles Neben- und (!) Gegeneinander führt zu Intoleranz, Ghettobildung und Gewalt.«

Kernsätze aus »Die Ordnung. Grundsatzprogramm der CSU«, 2016

Fragen:

Was ist bezüglich »Toleranz« der Unterschied und was ist die Gemeinsamkeit zwischen der Pegida-Parole und dem CSU-Programm?

Ist Toleranz gegenüber »anderen Lebensweisen« der von ›uns‹ einschließlich der CSU »gelebte Grundkonsens«? Wieso müssen dann alle »nach unseren Regeln leben«?

Hängt die »Toleranz« der CSU gegenüber »Zuwanderern« also davon ab, dass sie sich von uns nicht (mehr) unterscheiden? Oder ist Toleranz nur das, was wir (wegen »Integration« und so) von den ›anderen‹ einfordern?

Wieso soll ein »multikulturelles *Neben*einander« gleich ein »multikulturelles *Gegen*einander« sein? Damit plausibler wird, dass die Toleranz von »Multi-Kulti« zu »Intoleranz führt«?

Thesen zur »Toleranz« – Unterschied und Gemeinsamkeit zwischen Rechtsextremen und Regierungsparteien

1. »Toleranz« gegenüber Fremden bedeutet, dass man deren Anwesenheit ›erträgt‹ – eine merkwürdige Tugend: Wenn man gar nichts gegen die Fremden hat (warum sollte man auch: Für die Probleme des eigenen Lebens sind sie nicht verantwortlich, leiden vielmehr größtenteils unter den gleichen Umständen – und dass sie in manchen Dingen einen anderen Geschmack haben: Was soll's?) – warum muss man sie dann ›ertragen‹? Für die Tugend der Toleranz ist schon eine negative Beurteilung des Fremden unterstellt, über die dann aber hinweggesehen werden soll. Genau das verweigern die rechten Toleranzkritiker: Wer die ungeliebte Abweichung duldet, der toleriert die Aufweichung des ›Eigenen‹, besiegelt dessen »Untergang« und muss »geisteskrank« sein.
2. Toleranz verträgt sich nicht mit der Fremdenfeindlichkeit, wie sie Rechte für das einzig Gesunde halten. Die Verbindlichkeit »nationaler Identität« sehen Rechte angegriffen, wenn ›Toleranz‹ herrschen und damit beliebig sein soll, welchen kulturellen oder sonstigen Vorlieben jemand frönt: Wenn jeder sein kann, wie er will – wo bleibt dann ›unsere Identität‹? *Ab*weichung gilt als *Auf*weichung und muss bekämpft, darf also nicht »toleriert« werden. Konsequenterweise richtet sich diese Forderung nach Intoleranz nicht nur gegen Ausländer, die ›von Hause aus‹ anders sind als wir. Sie richtet sich auch gegen Deutsche, die den rechten Vorstellungen, wie ›wir sind‹ und wie ›man‹ deshalb zu sein hat, nicht entsprechen (wollen).
3. Auch im Kreise demokratischer Regierungsparteien wie der CSU sind die Vorbehalte gegenüber ›Fremden‹ keineswegs gegenstandslos, bloß weil man sie nach Maßgabe ihrer Nützlichkeit ins Land holt bzw. ihnen den Aufenthalt bei uns gestattet. Auch die CSU will das, was »bei uns« (angeblich) »üblich« ist, auch und gerade für Ausländer »verbindlich« machen: Erst dann herrscht im Land »Ordnung« (so der vielsagende Titel des CSU-Programms), wenn es keine störende Fremdheit mehr gibt, weil alle unsere »Leitkultur leben« – darin sind sich die CSU und die Toleranzkritiker von Pegida offenbar einig.
4. Auch die CSU kann bzw. will sich ein »multikulturelles Nebeneinander« nur als »Gegeneinander« vorstellen: Beseelt von ihrer Gleichsetzung von »Kultur« mit »Ordnung«, die Verbindlichkeit, also den

Ausschluss anderer Kulturen beansprucht, stellt für sie ein kulturelles Nebeneinander immer einen Kampf um ausschließliche Geltung dar. Jemand, der anders ist, aber bei ›uns‹ leben will, muss so werden wie wir, weil alles andere zu (unserer) »Intoleranz« führen würde. So verdrechselt bekennt sich die CSU zu ihrer Sorte Intoleranz gegenüber allem Fremdem.

5. Dabei lehnt sie, im Unterschied zu den Rechtsextremen, die Tugend der Toleranz gar nicht ab. Aber erstens versteht sie darunter offenbar ein Entgegenkommen gegenüber Fremden, das voraussetzt, dass den Fremden alles Fremde genommen wurde, weil auch sie sich an »unsere Leitkultur« halten und sich unsere »Gepflogenheiten« angewöhnt haben. Und zweitens steht sie auf Toleranz in erster Linie als Forderung an die Ausländer: Denen muss beigebracht, »gelehrt« werden, dass man bei uns tolerant zu sein hat! So verträgt sich Fremdenfeindlichkeit bestens mit dem Toleranzgebot – es richtet sich an die anderen!
6. So bemüht sich eine Regierungspartei, zwei Dinge unter einen Hut zu bekommen: Am Interesse an für Deutschland »nützlichen Ausländern« soll nicht gerüttelt werden, weshalb die CSU nicht wie die Rechtsextremen »Ausländer raus!« ruft. Und zugleich wird die damit zwangsläufig einhergehende kulturelle Verschiedenheit im Land grundsätzlich abgelehnt. So kommt es, dass sich eine für den Zuzug nützlicher Ausländer im Prinzip offene Regierungspolitik mit Parteiprogrammen und Reden verbindet, deren Inhalt wie Wortwahl sich von Parolen rechter Politiker kaum unterscheiden lassen.

5. Holzwege politischer Bildung gegen Rechts

Viele pädagogische Bemühungen gegen rechtes Gedankengut kranken daran, dass sie ihr Ziel so verfolgen, dass die Hauptsache ausgespart bleibt: das Argumentieren gegen Rechts, die Kritik von Nationalismus, Rassismus und Fremdenfeindlichkeit – das Bemühen also, die Adressaten durch Argumente von der Falschheit und Menschenfeindlichkeit rechtsextremer Argumentationsmuster zu überzeugen. Stattdessen wird auf eine Art ›automatischen‹ Lernprozess gesetzt, der sich aber weitgehend psychologisch-pädagogischem Wunschdenken verdankt – politische Überzeugungsarbeit erübrigt sich damit. Im Folgenden sollen exemplarisch drei solcher ›Holzwege‹ vorgestellt und kritisiert werden.

a) Diskriminierung durch Sprache

»Im Sprechen über Flüchtlinge lässt sich die demagogische Macht von Sprache immer wieder nachweisen. Gerade in diesem Themenfeld gibt es viele Wörter, die mehr über den aussagen, der sie verwendet, als über den Menschen, den sie bezeichnen ... Es waren vor allem Sprachkritiker und Aktivisten der Political Correctness, die die Verwendung des Begriffs ›Asylant‹ beanstandeten. Allein die Endung: -ant. Wie in Simulant, Ignorant, Querulant, Denunziant. Alles Begriffe, die negative Assoziationen hervorrufen, behaupteten die Kritiker, die für eine diskriminierungsfreie Sprache kämpften.«

Sebastian Gierke, Süddeutsche Zeitung, 11.12.2014, »Warum ›Asylant‹ ein Killwort ist«

»Mehr und mehr Engagierte verwenden den Begriff ›Geflüchtete‹. Denn das Wort ›Flüchtling‹ ist angeklagt. Der Vorwurf lautet: Das Wort habe eine bedenkliche Wortstruktur, deren Endung -ling sich in vorwiegend negativ konnotierten Wörtern (Fiesling, Schreiberling) wiederfinde. Allerdings lassen sich auch für die Ausnahme von der vermeintlichen Regel leicht Beispiele finden (Liebling, Schmetterling). Auch wird – nicht wirklich zum ersten Argument passend – moniert, die Endung hätte verniedlichenden Charakter.«

Andrea Kothen, pro asyl Website, 2016

Fragen:
Liegt es an der Wortendung »ant«, dass das Wort »Asylant« im gegenwärtigen Sprachgebrauch eine abwertende Bedeutung hat? Ist die Verwendung des Worts ein Problem oder der Gedanke, der mit ihm bzw. in ihm ausgedrückt wird?

»Worte können wie winzige Arsendosen sein: Sie werden unbemerkt verschluckt, sie scheinen keine Wirkung zu tun, und nach einiger Zeit ist die Giftwirkung doch da.«

Klemperer 1990: 25

»Unsere Sprache ist aber keine natürliche Gegebenheit, sondern steht in einer Tradition und spricht gesellschaftliche Werte aus. Kultur und Machtverhältnisse werden durch Sprache weitergegeben und verfestigt, und so führen wir den Status quo als Erwachsene munter fort – nicht nur in unserer Sprache, sondern sehr wirksam auch mit Bildern.«

Sow 2009: 108

»Sprache ist also gleichzeitig ein machtvolles Instrument, um Wirklichkeit herzustellen. Auch durch unser Sprechen können wir also Menschen oder bestimmte Gruppen beleidigen, ausgrenzen, herabwürdigen oder lächerlich machen. Wenn wir sprechen, handeln wir immer auch.«

Liebscher/Fritzsche 2010: Arbeitsblatt 18

»Rassismus ist wortgewaltig und übt Gewalt über Worte aus.«

Arndt 2012: 128

Fragen:
Sind Wörter so etwas wie ein »Virus«, der das Denken, das wie ein »Organ« gedacht wird, befallen und »vergiften« kann? Und gibt es den gesellschaftlichen »Status quo«, *weil* Menschen in einer bestimmten Weise sprechen und denken? (Wie) kann man mit Wörtern »Wirklichkeit *herstellen*«? Ist Sprache (dasselbe wie) Gewalt?

Thesen zum Verhältnis von Diskriminierung und Sprache

1. Im derzeitigen Sprachgebrauch ist mit Kategorien wie »Asylant« eine negative Beurteilung verbunden, sodass sich bereits an der Verwendung dieses Begriffs erkennen lässt, dass der/die Sprechende eine ablehnende Haltung gegenüber der bezeichneten Gruppe einnimmt. Die mit dem Wort verbundene Abwertung von Menschen stellt, insofern sie als Angriff auf das gleiche Recht auf Achtung der Würde des Menschen gefasst wird, eine Diskriminierung durch Sprache dar. Eine »diskriminierungssensible Sprache« leistet insofern einen Beitrag zur sprachlichen Wahrung dieser Würde, indem der Gebrauch diskriminierender Kategorien vermieden werden soll. Durch »achtsamen Sprachgebrauch« wird allerdings eben nur dieser rein ideelle Wert eines Menschen bestätigt. Das ändert nichts an den prekären Lebenslagen, mit denen sich ein »Mensch« de facto herumschlagen muss. Im Gegenteil: Die Sprachkosmetik führt dazu, dass nur noch die abstrakte Anerkennung als wichtig betrachtet wird, und leistet damit einen Beitrag dazu, dass die realen Lagen und die Probleme der Menschen an Bedeutung verlieren. So dürfen sich nun alle darüber freuen, dass sie den »gleichen Wert« haben, unabhängig davon, mit welchen Problemen sie in ihrem Leben zu kämpfen haben.
2. Es kann durchaus sinnvoll sein, die in bestimmten Bezeichnungen enthaltenen Bedeutungen zu erklären oder auch die Wortherkunft zu thematisieren. Insofern wäre Sprachkritik ein Auftakt zur Kritik von Auffassungen und Gesinnungen, die mit bestimmten Kategorien vertreten werden oder in ihnen ausgedrückt sind. Die gängige Sprachkritik leistet das aber gerade nicht: Indem nach diskriminierenden Termini gesucht und ihre Nutzung unterbunden werden soll, wird die abwertende *Wortwahl* zu einem maßgeblichen Feld der politischen Betätigung erklärt, der *Sprachgebrauch* wird korrigiert. Die in als abwertend klassifizierten Kategorien wie »Behinderte« oder dem N-Wort angewandten *Maßstäbe* sowie *die Gründe*, nach denen Menschen (gruppenbezogen) abgewertet werden, geraten bei einer auf bloße Sprachkorrektur zielenden Kritik in den Hintergrund. Nicht der *Inhalt* des Denkens, die politischen Urteile und Argumente, und der Gehalt der politischen und ökonomischen Wirklichkeit, sondern die *Form* des Denkens, die Sprache, wird zum (bevorzugten) Gegenstand einer Kritik, die die Verwendung problematischer Begriffe beseitigen will.

3. In der politischen Praxis wie im akademischen Diskurs sorgt dies für eine moralische Sicherheit, denn durch den richtigen Sprachgebrauch bestätigt man sich und anderen, dass man auf der »richtigen Seite« stehe. Der Inhalt eines Gedankens wird aber nicht durch eine »diskriminierungssensible« Sprache besser. Das Urteil, dass »Geflüchtete« häufig kriminell seien und nicht nach Deutschland gehören, wird schließlich nicht durch die Wortwahl vernünftig oder unvernünftig.
4. Das populäre Zitat von Victor Klemperer denkt sich Sprache in einem Zusammenhang der Determination, in dem der wirkliche Zusammenhang von Sprache und Denken auf dem Kopf steht. Seiner Auffassung zufolge *bestimmt* Sprache das Denken, falsche Sprache wirkt (unbemerkt) wie ein Gift. Das *argumentative* Aufdecken dieses Determinationsverhältnisses widerspricht aber unmittelbar dem, was da aufgedeckt wird und wozu Klemperer rät. Wenn Sprache einer *Beurteilung* unterzogen werden kann, wenn »gesunde« Worte *gewählt* und »giftige« *vermieden* werden können, dann bestimmt das Denken die Sprache, nicht umgekehrt. Vertreter rechtspopulistischer Standpunkte benutzen bewusst Wörter wie »Asylant«, um bereits durch ihre Wortwahl ihren Standpunkt auszudrücken.
5. Sprache ist für sich genommen kein physischer Zwang gegenüber Menschen und sprachlich formulierte Gedanken vermögen es von sich aus nicht, einen Willen zu brechen. Ob aus Wörtern, die nur einen gedanklichem Ausschluss oder eine ideelle Abwertung darstellen können, ein wirklicher, praktischer Ausschluss bzw. ein Gewaltakt folgt, ist noch einmal eine weitere Frage. Dafür muss schon noch der Übergang von einem theoretischen Urteil zu einer praktischen Tat gemacht werden; dieser Willensakt mag in – wie auch sonst? – sprachlich ausgedrückten Auffassungen seinen Grund haben, aber erzwungen oder determiniert wird ein Gewaltakt von Wörtern nicht.
6. Dies wirft auch die Frage nach der Macht auf, die dabei unterstellt ist. Wer nicht nur über seine physischen Kräfte verfügt, sondern über eine ökonomische oder politische Machtposition, kann seine Meinung, wer »hier hergehört« und wem ein Arbeitsplatz »zusteht«, in ganz anderem Umfang durchsetzen als jemand, der ›nur‹ über sich selbst als Mittel seiner (illegalen) physischen Durchsetzung verfügt. Wenn aber schon die »Wörter« zum Gewaltakt erklärt werden, verschwimmt dieser im Ernstfall gerade für die Betroffenen ziemlich entscheidende Unterschied. Zusätzlich verschwindet der Unter-

schied zwischen den machtvollen ›Machern‹ der Ausgrenzung und den ideellen Mit-Machern. Letztere sollen sich dann an ihre eigene Nase fassen und sich so gewalttätig vorkommen, wie die anderen wirklich sind.

b) Das Spiel »Privilegientest«

In der Bildungsarbeit gegen Diskriminierung werden oftmals Methoden wie das Spiel »Privilegientest« eingesetzt, um für Diskriminierung zu sensibilisieren. Diese Methode wird, angepasst an den jeweiligen Kontext, unter anderem in der sogenannten Menschenrechtsbildung und der Antidiskriminierungspädagogik genutzt. Es gilt als jugendgerechter »erster Schritt« hin zu einer tiefergehenden Reflektion über Diskriminierung. Im Folgenden soll dieser »erste Schritt« auf seine Logik hin geprüft werden.

»Ziel:

→ Sensibilisierung für ungleiche Chancenverteilung in der Gesellschaft
→ Reflexion der eigenen (stereotypen) Vorstellungen über bestimmte Gruppen
→ Förderung von Empathie gegenüber Menschen in benachteiligten Lebenslagen
→ Förderung von Verständnis dafür, dass die Zugehörigkeit zu einer bestimmten Gruppe oder Minderheit mit Benachteiligungen und Privilegierungen verbunden sein kann und was das konkret für den Alltag bedeutet
→ Diskussion struktureller Diskriminierung …

Ablauf:

JedeR TN [Teilnehmer/in] bekommt wahllos eine *Rollenkarte,* die er oder sie sich allein durchliest. Die TN werden gebeten, sich 5 Minuten still ... in die Rolle ... hineinzuversetzen ... Danach stellen sich alle TN wie an einer Startlinie nebeneinander auf. Sie werden gebeten, sich an den Händen zu fassen. Es wird nun erklärt, dass ihnen eine Reihe von *Situationen* vorgelesen wird, auf die sie aus ihrer Rolle heraus antworten sollen … Wer die Frage mit Ja beantworten kann, macht einen Schritt nach vorn. Wer verneinen muss, bleibt stehen. Die Situationen werden langsam und mit kleiner Pause jeweils nacheinander laut und deutlich vorgelesen. Am Ende bleiben alle an ihrer erreichten Position stehen.

Rollenkarten:
- Sie sind eine arbeitslose, allein erziehende Mutter mit 3 Kindern.
- Sie sind die Tochter des örtlichen Bankdirektors ...
- Sie sind ein 46-jähriger Bürokaufmann und auf den Rollstuhl angewiesen.
- ...

Situationen:
1. Sie haben nie in ernsthaften finanziellen Schwierigkeiten gesteckt.
2. Sie leben in einem bescheidenen Haus mit Telefon und Fernsehen.
3. Sie haben das Gefühl, dass ihre Sprache, Religion und Kultur in der Gesellschaft, in der sie leben, respektiert werden.
4. Sie haben das Gefühl, dass Ihre Meinung über soziale und politische Fragen eine Rolle spielt und dass man Ihnen zuhört.
5. Andere Menschen holen zu verschiedenen Problemen Ihren Rat ein.
6. Sie haben keine Angst, in eine Polizeikontrolle zu geraten ...

Fragen für die Auswertung:
- Wie fühlen Sie sich in Ihrer Rolle? Wie ist es Ihnen ergangen?
- Was für ein Gefühl war es, einen Schritt vorwärts zu kommen bzw. zurückzubleiben?
- ... Was hat Sie in ihrem Handeln in den jeweiligen Rollen eingeschränkt? (Bedeutung von Diskriminierungsmerkmalen entlang von Kategorien wie Staatsangehörigkeit, Hautfarbe, Geschlecht, sexuelle Orientierung, Alter, Religion, sozialer und finanzieller Status etc.
- Spiegelt die Übung die Gesellschaft wider? Inwiefern?
- Welche Möglichkeiten zur Veränderung Ihrer Situation haben die verschiedenen Gruppen oder Individuen? Worauf haben sie keinen Einfluss?
- Wird man mit Privilegien geboren oder hat jeder die gleiche Chance, sein/ihr Glück zu machen? Sind Menschen selber schuld, wenn sie in der Gesellschaft benachteiligt werden?
- Wie sollte eine Gesellschaft aussehen, in der alle die gleichen Chancen haben?
- Was kann man tun, um so eine Gesellschaft zu schaffen?«

aus: Liebscher/Fritzsche 2010: 189-194

Fragen:

- Können Individuen (nur) aufgrund von Diskriminierung »ihr Glück« nicht erreichen? Bedeutet das im Umkehrschluss, dass die Beseitigung von Diskriminierung dazu führt, dass es allen Menschen gut geht?
- Haben die Jugendlichen, denen ihre Privilegien nicht »bewusst« seien, eigentlich tatsächlich ein gutes Leben? Oder erscheinen ihre »Besitzstände« nur deshalb als Vorteil, weil sie mit einer schlechteren Lage verglichen werden?
- Handelt es sich bei den unter »Fragen« angesprochenen Situationen überhaupt um Diskriminierungen, ist jede »Einschränkung« auch gleich eine »Diskriminierung«?

Thesen zur Kritik

1. Das Spiel »Privilegientest« beabsichtigt, für »strukturelle Diskriminierungen« zu sensibilisieren, und wirft dafür völlig unterschiedliche »Fragen« in einen Topf. Ob ein Mensch »Freundinnen und Freunde nach Hause zum Essen einladen«, ob jemand »Angst, in eine Polizeikontrolle zu geraten«, haben muss, ob »Angst um die Zukunft ihrer Kinder« angebracht ist, ob jemand »nie in ernsthaften finanziellen Schwierigkeiten gesteckt hat« oder ob jemand »bei Wahlen [seine] Stimme abgeben« darf – all dies gilt der Spiellogik zufolge als gleich und steht in einem additiven Verhältnis. Dabei wird nicht unterschieden zwischen dem, was qua Recht tatsächlich als Diskriminierung gilt und verboten wird, und was lediglich eine Einschränkung für Individuen darstellt, die aber erlaubt ist. Diskriminierung wird im Spiel sehr abstrakt gefasst, sie gilt als Einschränkung auf dem Weg zum individuellen Glück. Auf diese Weise wird die *Antidiskriminierungsillusion* befördert, die im Glauben besteht, dass Antidiskriminierung das Ziel verfolge, die Beschädigung materieller Anliegen der Betroffenen zu korrigieren. Tatsächlich geht es aber nur um die Beseitigung von rechtlichen Ungleichheiten und ›strukturellen Diskriminierungen‹, also um die Korrektur von »Verfälschungen« der Konkurrenz.
2. Das Spiel betrachtet dementsprechend die verschiedenen Lebenslagen der »Rollen« nur daraufhin, inwiefern sie »Schritte« verhindern oder ermöglichen, also als Abweichungen von einer idealen Gleichheit. Dadurch werden Armutslagen und -symptome gar nicht an und für sich kritisiert, sondern nur insoweit, wie sie das Vorankommen stärker beschränken, als dies bei anderen »Rollen« der Fall ist. So gesehen plädiert das Spiel für »gleiche Hürden für alle«.
3. Was da im Spiel als Privilegien vorstellig gemacht wird, sind der Sache nach gar keine: Es handelt sich um den funktionalen Lebensstandard von Menschen, die in der Lohnarbeit ihre Einkommensquelle besitzen. Diese »können mindestens einmal pro Woche ins Kino« gehen, »haben Zugang zum Internet« und dürfen sich darüber freuen, dass ihre »sozialen und medizinischen Bedürfnisse« von der Sozialpolitik betreut werden. Zu einem »Privileg« wird dieser Lebensstandard nur durch den – willkürlichen – Vergleich mit jenen, die davon ausgeschlossen sind. Und dieser Vergleich wird nur zu einem Ziel angestellt: Den »Privilegierten« müssten ihre »unsichtbaren«

Vorteile verdeutlicht werden, die darin bestehen sollen, dass sie zu etwas in der Lage sind, das anderen verwehrt bleibt. Statt zur Frage nach den Ursachen des Ausschlusses der Anderen regt das Spiel zur moralisierenden Scham bezüglich des eigenen Vorteils und zum billigen Mitleid mit den Verlierern an, die dieses Mitleid nicht einfach wegen ihrer Not, sondern wegen ihrer ungerechten Benachteiligung verdienen.

4. Die Jugendlichen sollen durch das Spiel dazu gebracht werden, den Wert der Chancengleichheit für einleuchtend zu befinden. Dafür sollen sie ihre eigenen Privilegien als zu korrigierendes Übel betrachten lernen, also eine Einsicht in ihren Verzicht erhalten. Auf diese Weise soll für jedes Individuum derselbe Maßstab gelten, an dem sich das individuelle Vorankommen entscheidet: Leistung. Mit seinem Plädoyer für die Leistungsideologie lässt das Spiel außen vor, dass die Resultate des Glücksstrebens von den Mitteln abhängen, die jemand anwenden kann. Wer nur über seine Arbeitskraft verfügt, muss froh sein, jemanden zu finden, für den sich deren Gebrauch rentiert; und das tut der Gebrauch der Arbeitskraft immer und nur dann, wenn er den Käufer der Arbeitskraft möglichst wenig kostet und möglichst viel Geld für den Käufer dieser Ware erbringt. An diesem Maßstab der Nützlichkeit für den Gewinn werden alle Arbeitskräfte gemessen und verglichen, das heißt in eine Konkurrenz gestellt. In der Vorstellung vom freien Individuum, dessen individuelles Geschick im Umgang mit den Chancen den Erfolg bestimme, gerät beides – das »Mittel« Arbeitskraft wie Konkurrenz – aus dem Blick. Aus der Konkurrenz, in der – sonst wäre sie keine – nicht alle gewinnen können, wird eine Möglichkeit des Erfolgs aller. Und aus dem Vergleich, der zwischen den Konkurrenten angestellt wird, wird in dieser Perspektive ein Verfahren, das den einzelnen Menschen mit ihrer je unterschiedlichen Leistung(-sfähigkeit) gerecht werden solle. Eingeklagt wird mit der Forderung nach Chancengleichheit also die gerechte Behandlung im *Verfahren* und die Kompensation ungleicher »struktureller« *Ausgangsbedingungen* der Konkurrenz. Durch »wirkliche« Gleichheit in Bezug auf die Startchancen und den Verlauf der Konkurrenz soll keineswegs eine Gleichheit der Ergebnisse, vielmehr eine *gerechte Unterschiedlichkeit* der Ergebnisse erzielt werden. Denn mit der »wirklichen« Chancengleichheit sei, so die Vorstellung, insofern allen gedient, als es dann schließlich auf jeden Einzelnen ankomme, etwas aus seiner gleichen Chance zu machen. Die

Forderung nach Chancengleichheit enthält also den Widerspruch, den Vergleich, in dem sich jeder bewähren muss und in dem jede Leistung nur relativ zählt, als günstige Voraussetzung des Erfolgs eines jeden zu denken.

c) Besuche von Gedenkstätten, Konfrontation mit Zeitzeugen, Erzeugen von Betroffenheit[5]

Immer wieder bemühen sich Pädagogen darum, Jugendliche durch Besuche in KZ-Gedenkstätten oder durch die Begegnung mit Zeitzeugen für die Gräuel der Naziherrschaft zu sensibilisieren und sie über die so erzeugte Betroffenheit gegen rechtsradikale Muster zu immunisieren. Die entscheidende Frage hierbei lautet, inwieweit diesen Versuchen die Funktion beigemessen wird, Jugendlichen durch solche Erlebnisse und Begegnungen quasi ›automatisch‹ eine kritische Distanz zum NS-System sowie zu heutigen Formen von Nationalismus und Rassismus zu vermitteln. Besuche in KZ-Gedenkstätten vermitteln Informationen über die Grausamkeit des NS-Systems und seines Umgangs mit den Menschen, die es als seine ›Feinde‹ betrachtete. Sprechen diese Grausamkeiten so sehr für sich, dass allein schon ihre Kenntnisnahme für ihre angemessene Einordnung und richtige Erklärung sorgt?

---

[5] Der folgende Abschnitt ist eine Überarbeitung des Unterkapitels, das im fünften Kapitel der ersten und zweiten Auflage dieses Buches veröffentlicht wurde.

»Sie fühlt ›überhaupt nichts‹. Nichts. Katharina Krauss ist entsetzt. Nichts. Beim Anblick der Menschenhaare, der Koffer, der Schuhe und der Brillen, die sich hinter Glasscheiben im Block 5 des Stammlagers türmen. ›Man sieht das alles‹, sagt die 17 Jahre alte Gymnasiastin: ›Und kann trotzdem nicht fassen, was hier passierte.‹«

Thomas Roser, »Angesichts des Unfassbaren«,
Frankfurter Rundschau, 27.1.2005

»Unsere Zweifel an einer deutschen Erinnerungskultur, die in den Medien oft in ritualisierten Formeln verharrt, haben sich bestätigt. Sie läuft Gefahr, von jungen Menschen nicht mehr angenommen zu werden. Es hat sich gezeigt: Erst am Tatort selbst begreift (!) man Auschwitz. Die Eindrücke sind unauslöschlich, und aller Machtlosigkeit vor der Geschichte zum Trotz wissen wir, dass unser Besuch wichtig war.«

Christian Fuhrhop, »Unendlichkeit des Leids«,
Frankfurter Rundschau, 27.1.2005

Aus beiden Erfahrungsberichten spricht eine ähnliche Erwartung, welche Funktion der Besuch in einer KZ-Gedenkstätte haben könne bzw. solle: Durch die direkte Konfrontation mit den Dokumenten des faschistischen Terrors soll dieser zu »begreifen«, zu »fassen« sein, was man auch so ausdrücken kann, dass das letztlich »Unfassbare« wenigstens einen »unauslöschlichen Eindruck« hinterlassen solle. Aber: Weder ist der Schrecken, den die Nazis verbreitet haben, »unfassbar« und unerklärbar, noch trägt ein Besuch in KZ-Gedenkstätten allein viel dazu bei, die Nazi-Gräuel zu »begreifen« und zu erklären. Welches Programm für den Wiederaufstieg Deutschlands zur Weltmacht die Nazis betrieben haben, wie sie auf Basis dieses Programms darauf gekommen sind, nach außen Krieg zu führen und nach innen ihre (wirklichen oder angeblichen) Feinde rücksichtslos zu verfolgen und umzubringen, welche nationalistische und rassistische ›Logik‹ also hinter diesem Vernichtungsprogramm gesteckt hat – all das ist alles andere als »unfassbar«, sondern sehr wohl erklärbar.

Allerdings geben die historischen Dokumente über die *Faktizität* des Terrors hinaus eben keinen Aufschluss über dessen *Gründe* und Zwecke. Und eben deshalb geht die Erwartung fehl, durch einen (eigenen oder für andere in pädagogischer Absicht organisierten) Besuch von

KZ-Gedenkstätten würden sich Erkenntnisse über die Gründe und Prinzipien des faschistischen Terrors einstellen.

Grad und Inhalt der durch KZ-Besuche erzeugten Betroffenheit sind abhängig von den Gedanken und Urteilen, die der Besucher mitbringt und über die man sich mit ihm auseinandersetzen muss. Wer davon überzeugt ist, dass alles Übel der Welt letztlich der unausrottbaren Schlechtigkeit des Menschen entstammt, wird das, was er in KZ-Gedenkstätten sieht, als Beleg für eben diese seine Sicht betrachten. Und wer die NS-Gräuel zwar bedauerlich, aber für den Sieg Deutschlands im Kampf mit seinen Widersachern im In- und Ausland als unumgänglich betrachtet, wird sich von dieser Sichtweise auf den Nazi-Terror durch die Besichtigung von KZ-Gedenkstätten nicht abbringen lassen.

Ein Beispiel für letzteres stellt der in der Filmdokumentation »Vertrauen gegen Gewalt« dokumentierte Besuch einer Skinhead-Jugendgruppe mit dem Pädagogen Peter Steger aus Ostberlin in der KZ-Gedenkstätte Buchenwald dar. Von den rechtsradikalen Jugendlichen fanden die meisten das Gesehene zwar grausam, aber legitim – immerhin sei Deutschland im Krieg gewesen und da könne man mit seinen Feinden eben nicht zimperlich sein. Und ein rechter Jugendlicher distanzierte sich von dem Nazi-Terror à la Buchenwald mit der Versicherung, dass er zwar auch »gegen Neger« sei, aber so etwas wie in Buchenwald zu weit gehe.

Man sieht hier, wie das Faktum als solches keineswegs gleichbedeutend ist mit seiner Interpretation als gerechtfertigt oder nicht zu rechtfertigen. Man müsste also mit Jugendlichen, die im Namen des Kampfes Deutschlands um seine Rolle in der Welt den Nazi-Terror legitimieren, über den dabei in Anschlag gebrachten ›Wert‹ diskutieren und an der Konsequenz der Nazis die Menschenfeindlichkeit von Nationalismus und Rassismus beweisen. Diese Auseinandersetzung um die Gründe und Hintergründe sowohl der historischen Gräuel als auch ihrer heutigen Legitimation durch Neo-Nazis ist ein Beitrag dazu, Buchenwald oder Auschwitz zu »begreifen« und zu verabscheuen – die bloße Begegnung mit den Dokumenten des Terrors leistet dies nicht.

Was die üblichen Besuche von Schulklassen in KZ-Gedenkstätten angeht, so dürften die im Folgenden geschilderten Erfahrungen von Lehrern und Gedenkstättenmitarbeitern exemplarisch wiedergeben, wie weit der Versuch trägt, Betroffenheit und darüber womöglich ein Bewusstsein über die Menschenfeindlichkeit rechtsextremer Ideologie und Praxis herzustellen.

»Drei Mittelstufenklassen aus Thüringen sind an diesem Vormittag auf dem weiten Gelände der Gedenkstätte unterwegs. Eine Gruppe hat sich oberhalb des ehemaligen Lagertors versammelt und stampft und hüpft und poltert. Die fünfzehn, sechzehn Jahre alten Schüler kommen aus der Richtung jenes Pfades, über den – sechs Jahrzehnte ist es her – ein Rudel Hunde regelmäßig die neu ankommenden Häftlinge ins Lager hineinhetzte. Weil es dabei laut und schnell zuging, nannten die Nationalsozialisten diesen letzten Streckensabschnitt auf dem Weg nach Buchenwald ›Caracho-Weg‹. ›Jetzt lassen wir den Schnee mal sein, das ist zwar lustig, aber jetzt konzentrieren wir uns mal wieder‹, sagt die Gedenkstättenführerin, die nicht gesehen hat, dass gerade ein Junge hastig an einer Zigarette gezogen und sie an einen Freund weitergegeben hat. Rauchen, Essen und Trinken sind in Buchenwald verboten. ...

Als nächstes hören die Jugendlichen von den Zählappellen morgens und abends auf dem Lagergelände, davon, dass sich zehntausend Menschen stundenlang nicht rühren durften, weil drei geflüchtet waren. ›Und Ihr müsst Euch vorstellen, das war im Februar.‹ Sie gehen weiter. Ein Mädchen klagt: ›Es ist so kalt!‹ Ein anderes fragt: ›Hätten wir das nicht im Sommer machen können?‹ ... Ihre Lehrer fallen vor allem dadurch auf, dass sie älter sind und anders gekleidet als die Jugendlichen, das Wort ergreifen sie so gut wie nie. Die Schüler ermahnen sich selbst in scherzhaftem Ton: ›Ruhe bitte, wir sind hier in einem ...‹ Der Junge kommt nicht auf den Begriff, den er sucht. ›Gedenkstätte?‹, schlägt ein Mädchen vor. Dann fällt es dem Klassenkameraden doch ein: ›Nee, Arbeitslager. Das machen wir jetzt auch jeden Tag, ich wecke Dich zwei Stunden vor Sonnenaufgang, und Du musst Appell machen.‹ Das Mädchen lacht. ...

Nebenan aber, im 1940 errichteten eigentlichen Krematoriumsbau, verstummen sie jäh und halten sich an die Regeln, ohne über die Regeln nachzudenken. ... In großem Bogen gehen die Schüler um die sechs Backsteinöfen mit den schwarzen Beschlägen herum, ohne die staunend entsetzten Gesichter von den sechs starrenden Löchern abzuwenden. Auf jeden Ofen führen Schienen zu. Vor einem hat man einen der schwarzen Wagen stehengelassen, jemand hat eine Rose darauf gelegt. Zwei dicke Jungen halten ihre Digitalkameras vor sich und machen schnelle Fotos. Sie bleiben nicht stehen, schleichen hastig gebannt durch den Raum hindurch und am anderen Ende wieder ins Freie.

In der Ausstellung ›Konzentrationslager Buchenwald 1937 bis 1945‹ im Kammergebäude, in dem die Lageraufseher die geraubte Habe der Häftlinge aufbewahrten, wärmen sich die Schüler wieder auf. Mit Zetteln und Stiften gehen sie von Vitrine zu Vitrine und schreiben ab, was auf den Täfelchen neben Fotos, Dokumenten, Schuhen, Kleidung, Knöpfen, Schachfiguren oder selbstgebastelten Dominosteinen steht. Was sie da tun? ›Wir müssen Fragen beantworten, die uns gestellt wurden.‹ Vor Bildern mit Leichen in den Öfen des Krematoriums ruft ein Mädchen laut: ›Iiih!‹ und winkt eine Freundin herbei: ›Mandy, guck mal!‹ Mandy guckt und zeigt auf ein anderes Bild: ›Ich finde die da unten geil.‹ Die Freundin staunt: ›Die wurden so übereinander gelagert.‹ Ein Junge sagt leise: ›Richtig so!‹ Mandy gibt ihm einen Klaps. Niemand sagt der Museumswächterin auf Wiedersehen. ›Dürfen wir zum Ausgang gehen?‹, fragen zwei Mädchen ihre Lehrerin. Die rund fünfzig Jahre alte kleine Frau mit den kurzen grauen Haaren schaut auf die Uhr und entscheidet: ›Ja. Aber bitte hört jetzt auf dem Gelände des KZ auf, mit Schneebällen zu werfen.‹ Dann macht auch sie sich zusammen mit einer jüngeren Kollegin auf den Rückweg. ›Es ist nun mal so‹, sagt sie, ›für die Kinder ist das alles weit weg.‹«

Florentine Fritzen, »Ganz weit weg«,
Frankfurter Allgemeine Zeitung, 27.1.2005

Die so oder ähnlich ablaufenden Klassenausflüge in KZ-Gedenkstätten konfrontieren die Jugendlichen mit Zeugnissen eines mörderischen Regimes, das für sie in der Tat »weit weg« ist. Was soll also solch ein Besuch? Er soll neben einer Befassung mit einem Stück deutscher Geschichte – so die Hoffnung der Pädagogen – über das Erschrecken (das sich wie gesehen unter Umständen so gar nicht einstellt) bewirken, dass die Jugendlichen zu rechtsextremen Mustern auf Distanz gehen. Hierzu müsste aber von den Pädagogen zumindest der Zusammenhang zwischen den Parolen und Taten heutiger Rechtsextremer und den Nazi-Gräueln hergestellt werden. Dies ist sehr wohl möglich, ergibt sich aber nicht von alleine, muss vielmehr als eigene Anstrengung begriffen werden. Nur dann, wenn die im Alltag der Jugendlichen erfahrenen nationalistischen und rassistischen Muster – von den Parolen rechter Parteien und rechtsextremer Gruppen über mögliche ausländerfeindliche Sprüche von Eltern oder gar NS-nahen Ansichten der Großeltern bis hin zu rassistischen Sprüchen und Aktionen gegen Behinderte, Obdachlose etc. – thematisiert, kritisiert und in Bezug gesetzt werden zu der konsequent-mörderischen Vollstreckung dieser ›Logik‹ durch die Nationalsozialisten, stellt die Beschäftigung mit dem NS-Regime einen Beitrag im Kampf gegen rechtes Gedankengut dar.

Einer Auseinandersetzung zum Thema Nationalsozialismus muss es darum gehen, die *notwendigen* Verbindungen und Übergänge zwischen (heutigem wie damaligem) Nationalismus und Rassismus einerseits und menschenverachtender Gewalt andererseits darzustellen und zu erklären. Texte wie der folgende von Bertolt Brecht (aus den in den frühen 1940er Jahren entstandenen »Flüchtlingsgesprächen«) könnten hierfür eine Orientierungshilfe sein.

»Kalle: Der Idee, dass man den Faschismus aushalten könnt, wenn er nur friedlich wär, begegnet man öfters. Sie ist nicht besonders intelligent. Warum, es ist, wie wenn man sagt, die Schweinemast ist für die Schweine auszuhalten, wenn sie nur nicht geschlachtet würden. Der Wieheißterdochgleich hat das Arbeitslosigkeitsproblem gelöst, hat man gesagt, wie er die Arbeitslosen hat Tanks, Bomber und Munition herstellen lassen. Der einzige Nachteil ist vielleicht der, dass es zum Krieg führen wird. ... Man stellt sich das so vor: alles geht normal, es herrscht Friede, dann kommt eine Unterbrechung, ein bedauerlicher Zwischenfall, der Krieg. Wie beim Schweinemästen! Immer kommt ganz schön Futter, immer wird man gewaschen, hofiert und fotografiert, und nur mitunter kommt ein bedauerlicher Zwischenfall, indem man geschlachtet wird.«

Brecht 1975: 1508

Literatur

Ahlheim, Klaus (Hrsg.): Die Gewalt des Vorurteils. Schwalbach/Ts. 2007.

Ahlheim, Klaus/Heger, Bardo: Vorurteile und Fremdenfeindlichkeit. Handreichungen für die politische Bildung. Schwalbach/Ts. 2001.

Ahlheim, Klaus/Heger, Bardo: Nation und Exklusion – Der Stolz der Deutschen und seine Nebenwirkungen. Schwalbach/Ts. 2008.

Arbeitsgruppe SOS-Rassismus NRW: Rassismus begreifen. Was ich immer schon über Rassismus und Gewalt wissen wollte. Villigst 1997.

Arndt, Susan: Die 101 wichtigsten Fragen: Rassismus. München 2012.

Auinger, Herbert: Die FPÖ. Blaupause der Neuen Rechten in Europa. Wien 2017.

Benz, Wolfgang: Argumente gegen rechtsextreme Vorurteile. Informationen für politische Bildung aktuell. Bonn 2001.

Berg, Heinz Lynen von/Roth, Roland (Hrsg.): Maßnahmen und Programme gegen Rechtsextremismus wissenschaftlich begleitet. Aufgaben, Konzepte und Erfahrungen. Opladen 2003.

Bertelsmann Stiftung (Hrsg.): Globalisierungsangst oder Wertekonflikt? Wer in Europa populistische Parteien wählt und warum. eupinions #2016/3. Gütersloh 2016; www.bertelsmann-stiftung.de/fileadmin/files/user_upload/EZ_eupinions_Fear_Studie_2016_DT.pdf.

Borchmeyer, Dieter: Was ist deutsch? Berlin 2017.

Brecht, Bertolt: Gesammelte Werke. Frankfurt a.M. 1975.

Budzinski, Manfred (Hrsg.): Aktionshandbuch Ausländer. Bornheim-Merten 1983.

Butterwegge, Christoph: Vorwort. In: Jugendbegegnungsstätte Anne Frank (Hrsg.): »Rechtsextremismus – was heißt das eigentlich heute?«. Frankfurt a.M. 2003.

Butterwegge, Christoph/Lohmann, Georg (Hrsg.): Jugend, Rechtsextremismus und Gewalt. Opladen 2000.

Findeisen, Uwe: Argumente gegen rechts. Eine Auseinandersetzung mit aktuellen Trainingskonzepten. In: Erwachsenenbildung EB 1/2002.

Fritzen, Florentine: »Ganz weit weg«, Frankfurter Allgemeine Zeitung, 27.1.2005.

Fuhrhop, Christian: »Unendlichkeit des Leids«. Frankfurter Rundschau, 27.1.2005

Gernhardt, Robert: Reim und Zeit. Gedichte. Stuttgart 1995.

Gernhardt, Robert: Vom Schönen, Guten, Baren. 3. Aufl. Zürich 1999.

Gierke, Sebastian: Warum »Asylant« ein Killwort ist, Süddeutsche Zeitung, 11.12.2014.

Giesa, Christoph: Die neuen Rechten – keine Nazis und trotzdem brandgefährlich. In: Aus Politik und Zeitgeschichte 9/2015, S. 17.
Gloël, Rolf: Jugend und Rechtsextremismus – Möglichkeiten und Grenzen der Jugend(bildungs)arbeit. In: Kinder- und Jugendring Sachsen-Anhalt und Landeszentrale für Politische Bildung Sachsen-Anhalt (Hrsg.): Dokumentation zur Fachtagung »Jugend und Rechtsextremismus – Anforderungen an Jugend(freizeit)arbeit und Schule«. 2001.
Gründler, Gerhard E.: Erinnerung an Gustav Heinemann; www. gerdgruendler.de/Erinnerung%20an%20G.%20Heinemann.html, 1.10.2005.
Hagen, Jutta: Chancengerechtigkeit. Wirklichkeit und Wunschdenken. In: Standpunkt Sozial 2/2013, S. 43-51.
Häusler, A./Virchow, F. (Hrsg.): Neue soziale Bewegung von rechts? Hamburg 2016.
Heger, Bardo/Hufer, Klaus-Peter: Autonomie und Kritikfähigkeit. Gesellschaftliche Veränderungen durch Aufklärung. Schwalbach/Ts. 2002.
Henle, Manfred/Moby Dick – Arbeitsgruppe Stadtjugendring Augsburg: *R*ausländer *aus*. Argumente gegen Rechtsextremismus und Rassismus. Köln 1993.
Hitler, Adolf: Mein Kampf (97.-101. Auflage). München 1934.
Hoberg, Gerrit: Betrifft: Rechtsextreme. Dumme und radikale Sprüche. Kontra geben. Training mit dem Sprechbaukasten. Ein Projekt der Bundeszentrale für politische Bildung und der Deutschen Sportjugend. Bonn 2001.
Hufer, Klaus-Peter: Argumentationstraining gegen Stammtischparolen. Materialien und Anleitungen für Bildungsarbeit und Selbstlernen. Schwalbach/Ts. 2000.
Hufer, Klaus-Peter: Argumente am Stammtisch – Erfolgreich gegen Parolen, Palaver, Populismus. Schwalbach/Ts. 2006.
Huisken, Freerk: Anstiftung zum Unfrieden. Berlin 1984.
Huisken, Freerk: Ausländerfeinde und Ausländerfreunde. Eine Streitschrift gegen den geächteten wie den geachteten Rassismus. Hamburg 1987.
Huisken, Freerk: Deutsche Lehren aus Rostock und Mölln. Ein antirassistisches Tagebuch. Nichts als Nationalismus 1. Hamburg 1993; www. vsa-verlag.de/uploads/media/Huisken_Deutsche_Lehren_aus_Rostock_und_Moelln.pdf.
Huisken, Freerk: Brandstifter als Feuerwehr: Die Rechtsextremismus-Kampagne. Nichts als Nationalismus 2. Hamburg 2001; www.vsa-verlag.de/uploads/media/Huisken_Brandstifter_als_Feuerwehr.pdf.
Huisken, Freerk: Abgehauen, eingelagert, aufgefischt, durchsortiert, abgewehrt, eingebaut – neue deutsche Flüchtlingspolitik. Hamburg 2016.
Jugendbegegnungsstätte Anne Frank (Hrsg.): Rechtsextremismus – was heißt das eigentlich heute? Über Rechtsextremismus, Rassismus und Zivilcourage. Prävention für Schule und Bildungsarbeit. Frankfurt a.M. 2003.

Killguss, Hans-Peter: Das Geschäft mit der Angst. Rechtspopulismus, Muslimfeindlichkeit und die extreme Rechte in Europa. Interview mit dem Goethe-Institut Prag, Mai 2013; www.goethe.de/ins/cz/prj/jug/the/ang/de11037510.htm.

Klemperer, Victor: LTI. Stuttgart 1990.

Kothen, Andrea: Sagt man jetzt Flüchtlinge oder Geflüchtete? pro asyl 2016; www.proasyl.de/hintergrund/sagt-man-jetzt-fluechtlinge-oder-gefluechtete/

Kößler, Gottfried (Hrsg.): Die Gegenwart von Auschwitz. Frankfurt a.M. 1998.

Küppers, Lutz/Priboschek, Andrej: Kleiderordnung gegen Kampfstiefel im Klassenzimmer. Solinger Morgenpost vom 26.2.2001

Liebscher, Doris/Fritzsche, Heike: Antidiskriminierungspädagogik. Konzepte und Methoden für die Bildungsarbeit mit Jugendlichen. Hrsg. von Rebecca Pates/Daniel Schmidt/Susanne Karawanskij. Wiesbaden 2010.

Marx, Karl: Das Kapital Bd. 3, MEW Bd. 25, Berlin 1979.

Marxen, Reinhard/Bader, Uwe/Meyer, Hans-Georg/Meier-Hussing, Brigitte: Nein zur Gewalt. Rechtsextremismus, Fremdenfeindlichkeit, Antisemitismus, Rassismus. Multiplikatorenpaket Politische Bildung. Schwalbach/Ts. 2000.

Melter, Claus/Mecheril, Paul (Hrsg.): Rassismuskritik – Rassismustheorie und Rassismusforschung. Schwalbach/Ts. 2009.

Miles, Robert: Rassismus: Einführung in die Geschichte und Theorie eines Begriffs. 4. Aufl., Hamburg 2014.

Minkenberg, Michael: Die neue radikale Rechte im Vergleich: USA, Frankreich, Deutschland. Opladen 1998.

Molthagen, Dietmar/Klärner, Andreas/Korgel, Lorenz/Pauli, Bettina/Ziegenhagen, Martin (Hrsg.): Lern- und Arbeitsbuch gegen Rechtsextremismus: Handeln für Demokratie. Bonn 2008.

Mönter, Leif/Schiffer-Nasserie, Arian: Antirassismus als Herausforderung für die Schule. Frankfurt a.M. 2007.

Naumann, Julia: Mit Kleidungsverboten gegen rechts, die tageszeitung, 28.2.2001.

Patzelt, Werner J.: Die Sorgen der Leute ernstnehmen. In: Aus Politik und Zeitgeschichte 9/2015.

Priester, Karin: Rechtspopulismus und Demokratie in Europa, Neue Gesellschaft Frankfurter Hefte 1/2010.

Roser, Thomas: »Angesichts des Unfassbaren«. Frankfurter Rundschau, 27.1.2005.

Scherr, Albert: Pädagogische Interventionen. Gegen Rechtsextremismus und Fremdenfeindlichkeit. Eine Handreichung für die politische Bildungsarbeit in Schulen und außerschulischer Jugendarbeit. Schwalbach/Ts. 2001.

Scherr, Albert: Pädagogische Konzepte gegen Rechts – Was hat sich bewährt, was ist umstritten, was sollte vermieden werden? In: Heinz Lynen von Berg/Roland Roth (Hrsg.), 2003, S. 249-264.

Schiffer-Nasserie, Arian: Argumentationstraining. In: EB (Erwachsenenbildung). Bonn 4/2006.

Schnath, Matthias: Migration und Recht. Nationalstaatliche Schranken sozialer Inklusion, in: Sozialmagazin 9/2005.

Sow, Noah: Deutschland Schwarz Weiß. Der alltägliche Rassismus. 3. Aufl. München 2009.

Tiedemann, Markus: »In Auschwitz wurde niemand vergast«. 60 rechtsradikale Lügen und wie man sie widerlegt. Mühlheim/Ruhr 1996.

Vorurteile: Informationen zur politischen Bildung, Heft 271. Überarb. Neuauflage. Bonn 2005.

Wirsching, Andreas: Es gibt keine Alternative zur Demokratie, wie wir sie kennen. Interview zum Rechtsruck in Europa mit Deutschlandradio Kultur, 27.8.2016; www.deutschlandfunkkultur.de/historiker-andreas-wirsching-zum-rechtsruck-in-europa-es.990.de.html?dram%3Aarticle_id=364122.